"新能源汽车"系列

# 新能源
# 汽车技术

**主　编**◎庞小兰　金　标

**副主编**◎谢娟烘　刘　强　黄春梅

上海交通大学 出版社
SHANGHAI JIAO TONG UNIVERSITY PRESS

**内容提要**

本书共7章,分别介绍了新能源汽车的定义、技术路线和发展意义;混合动力汽车的定义、分类、技术发展趋势和结构原理;纯电动汽车的新技术,包括结构与原理、高压系统、逆变器和变频器等内容;常用动力电池的结构与原理;电机与电机控制系统的相关技术分析;燃料电池电动汽车技术和电动汽车辅助系统技术讲解。另外,每章都匹配相关的拓展阅读。本书适合广大新能源汽车行业的从业者学习参考,也可供广大汽车专业及相关专业的院校作为教材选用。

**图书在版编目(CIP)数据**

新能源汽车技术/ 庞小兰,金标主编. 一上海:
上海交通大学出版社,2023.8(2025.6 重印)
ISBN 978-7-313-28710-6

Ⅰ. ①新… Ⅱ. ①庞… ② 金… Ⅲ. ①新能源-汽车
-教材 Ⅳ. ①U469.7

中国国家版本馆 CIP 数据核字(2023)第 115672 号

**新能源汽车技术**

XINNENGYUAN QICHE JISHU

主　　编:庞小兰　金　标
出版发行:上海交通大学出版社　　　　地　　址:上海市番禺路 951 号
邮政编码:200030　　　　　　　　　　电　　话:021 - 64071208
印　　制:上海万卷印刷股份有限公司　经　　销:全国新华书店
开　　本:787 mm×1092 mm　1/16　　印　　张:12
字　　数:265 千字
版　　次:2023 年 8 月第 1 版　　　　　印　　次:2025 年 6 月第 3 次印刷
书　　号:ISBN 978 - 7 - 313 - 28710 - 6
定　　价:58.00 元

# 前　　言

传统汽车消耗了大量的石油,尾气排放造成了空气污染。随着节能和环保越来越受到大众的关注,且在全球汽车产业的发展趋势(四个"新"现代化,即电动化、智能化、网联化、共享化)的影响下,新能源汽车产业发展的环境和形势都出现了很多重大变化。新能源汽车,在能源与环境方面所具有的优势已成为世界各国汽车工业发展的优先选择。发展能源节约型、环境友好型的新能源汽车已成为汽车产业发展的大势所趋。在这一背景下,编写团队在查阅相关文献的基础上完成了本书的编写。

本书依照国家标准,力求突出新能源汽车的技术原理。介绍了新能源汽车的技术路线和发展意义;混合动力汽车的定义、分类以及不同类型混合动力汽车的结构与原理;纯电动汽车的结构与原理以及高压系统的新技术;新能源汽车关键技术,包括动力电池、驱动电机、电机控制系统;燃料电池汽车的结构和技术;电动汽车辅助技术,包括制动能量回收系统、电动助力转向系统和电动汽车空调等内容。

本书注重知识性、系统性、实用性的结合,尽量用最直观(图解)的方式将适用的内容呈现给读者。此外,本书内容翔实,图文并茂,深入浅出,可读性强,适合广大新能源汽车行业从业者学习参考,也可供广大汽车专业及相关专业的院校作为教材选用。

本书共分为7章。第1章由广东科技学院金标编写,第2章由广东理工学院庞小兰编写,第3章由广东理工学院刘强编写,第4、5章由广东理工学院谢娟烘编写,第6章由广东理工学院黄春梅编写,第7章由广东科技学院朱文燕编写;全书由庞小兰、金标主审。在写作过程中,参考借鉴了国内外公开出版和发表的文献资料,在此一并向原作者表示诚挚的感谢!

由于编者水平有限,书中难免存在不足或疏漏之处,恳请广大读者批评指正。

编　者

2023 年 3 月

# 目　　录

# 第1章

# 绪　论

💡 **学习目标**

（1）了解新能源汽车技术的发展意义。

（2）了解能源、新能源、汽车新能源的定义。

（3）掌握新能源汽车的定义与分类。

（4）了解新能源汽车技术路线。

❓ **问题导入**

世界石油资源的短缺以及燃油汽车对环境造成的影响越来越大，能源危机和环境污染已成为困扰人类的两大社会问题。随着环境问题的日益严峻和低碳经济的兴起，节能减排已成为世人瞩目的重点。

汽车行业是全球温室气体排放的主要领域之一，且随着我国汽车保有量的不断提升，如何减少汽车行业碳排放是实现碳中和、碳达峰目标中十分重要的一环。发展新能源汽车是应对气候变化、推动经济发展和绿色发展战略布局的重要举措，对于能源结构调整、产业低碳发展，以及"双碳"目标的实现都具有重要的意义。发展新能源汽车是我国从汽车大国迈向汽车强国的必经之路，更是中国汽车企业实现"弯道超车"的历史机遇。

那么：什么是新能源汽车？当前及未来我国新能源汽车的技术路线是什么？

## 1.1　新能源汽车技术概述

### 1.1.1　新能源汽车定义和分类

1. 定义

1）能源定义

能源是指煤炭、石油、天然气、生物质能和电力、热力以及其他直接或者通过加工、转换而取得有用能的各种资源。

2）新能源定义

新能源又称非常规能源，是指传统能源之外的各种能源形式。一般是指在新技术基础上加以开发利用的可再生能源，包括太阳能、生物质能、水能、风能、地热能、波浪能、洋流能和潮汐能，以及海洋表面与深层之间的热循环等；此外，还有氢能、沼气、酒精、甲醇等。而已经广泛利用的煤炭、石油、天然气、水能等能源，称为常规能源。

3）汽车新能源定义

汽车新能源的种类主要包括电能、氢能、天然气、醇类燃料、二甲醚、太阳能等。各种汽车新能源的优缺点如表 1-1 所示。

表 1-1　各种汽车新能源的优缺点对比

| 新能源 | 优　点 | 缺　点 |
| --- | --- | --- |
| 电能 | 来源丰富、直接污染及噪声小、结构简单、维修方便 | 蓄电池充电时间长 |
| 氢能 | 来源丰富、污染很小、氢能源的辛烷值高、热值高 | 氢生产成本高；气态氢能量密度小，储运不便，液态氢技术难度大，成本高；需开发专用发动机 |
| 天然气 | 资源丰富、污染小、辛烷值高 | 需要建设配套保障设施（加气站等），投资强度大；能量密度较小，续驶里程受限；动力性较低；储运不便 |
| 醇类燃料 | 来源较丰富、辛烷值高、污染较小 | 毒性较大；对金属及橡胶件具有腐蚀性；冷启动性能较差 |
| 二甲醚 | 来源较丰富、污染小、十六烷值高 | 毒性较大；动力性较低；储运不便；二甲醚生产成本较高 |
| 太阳能 | 来源丰富、可再生、污染小 | 效率低；成本高 |

电能目前应用相对有限，多应用于公共交通领域，是公认的未来汽车的主流能源；氢能源由于制氢和运氢技术仍不成熟，应用范围比较小；太阳能的应用尚需较长时间。

4）新能源汽车的定义

按照范围的大小，新能源汽车可以分为广义和狭义两种。

广义新能源汽车又称代用燃料汽车，包括非石油燃料汽车，如纯电动汽车、燃料电池电动汽车，还包括部分使用非石油燃料的汽车，如混合动力电动车、乙醇汽油汽车。新能源汽车可分为六大类：混合动力汽车、纯电动汽车、燃料电池汽车、醇醚燃料汽车、天然气汽车等。

参考 2009 年我国工业和信息化部制定的《新能源汽车生产企业及产品准入管理规则》第三条，新能源汽车是指采用非常规的车用燃料作为动力来源（或使用常规的车用燃料，采用新型车载动力装置），综合车辆的动力控制和驱动方面的先进技术，形成的技术原理先进,具有新技术、新结构的汽车。非常规的车用燃料是指除汽油、柴油之外的燃料。

"新能源汽车"的定义在我国经历了一个不断变化的过程,我国新能源汽车的定义和所涵盖车辆类型范围也有一个演进的过程,其定义和内涵逐渐由模糊变得清晰,同时也越来越科学规范。我国新能源汽车定义演变历程如下:

2001 年,新能源汽车研究项目被列入国家"十五"期间的"863"重大科技课题,并规划了以汽油车为起点向氢动力车目标发展的战略,提出了"电动汽车"这个名词,分类包括混合动力汽车、纯电动汽车和燃料电池汽车。

2006 年,"十一五规划"提出了"节能与新能源汽车"战略,分类包括混合动力汽车、纯电动汽车和燃料电池汽车。

2009 年,工业和信息化部发布《新能源汽车生产企业及产品准入管理规则》,规则中有了新能源汽车这个名词,分类包括混合动力汽车、纯电动汽车(包括太阳能汽车)、燃料电池电动汽车、氢发动机汽车、其他新能源(如高效储能器、二甲醚)汽车等各类别产品。

2012 年,国务院发布《节能与新能源汽车产业发展规划(2012—2020 年)》,该规划沿用新能源汽车名称,分类包括插电式混合动力汽车(特点是新型动力系统)、纯电动汽车(特点是完全或主要依靠新型能源驱动的汽车)以及燃料电池汽车。

2016 年,国家工信部发布《新能源汽车生产企业及产品准入管理规定》,该规定中新能源汽车是指采用新型动力系统,完全或者主要依靠新型能源驱动的汽车,包括插电式混合动力(含增程式)汽车、纯电动汽车和燃料电池汽车等。按照该规定,插电式混合动力汽车和增程式电动汽车属于国家汽车产业政策中的新能源汽车范畴。

2020 年,《国务院办公厅关于印发新能源汽车产业发展规划(2021—2035 年)的通知》中指出,以纯电动汽车、插电式混合动力(含增程式)汽车、燃料电池汽车为"三纵",布局整车技术创新链。以动力电池与管理系统、驱动电机与电力电子、网联化与智能化技术为"三横",构建关键零部件技术供给体系。

2. 分类

根据国家工信部发布的《新能源汽车生产企业及产品准入管理规则》,新能源汽车分类如图 1-1 所示。

1) 插电式混合动力汽车

混合动力汽车(hybrid electric vehicle,HEV)是指车辆驱动系统由两个或两个以上能同时运转的单个驱动系统联合组成的车辆,其行驶功率依据实际车辆行驶状态由单个驱动系统单独或共同提供,即采用传统的内燃机(柴油机或汽油机)和电动机作为动力源,也有的发动机经过改造使用其他替代燃料,例如压缩天然气、丙烷和乙醇燃料等。通常所说的HEV,一般是指非插电式油电混合动力汽车。

插电式混合动力汽车(plug-in hybrid electric vehicle,PHEV)是介于纯电动汽车与燃油汽车两者之间的一种新能源汽车,它既有传统汽车的发动机、变速器、传动系统、油路、

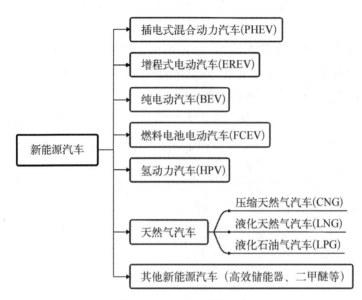

图 1-1　新能源汽车分类

油箱,也有 BEV(纯电动汽车)的电池、电动机、控制电路,而且电池容量比较大,有充电接口。它综合了 BEV 和 HEV 的优点,既可实现纯电动、零排放行驶,也能通过混动模式增加车辆的续驶里程。按照电机驱动功率占整车功率的比例(亦可称为混合度),一般可将 PHEV 分为 4 种类型:① 微度混合动力,混合度在 5% 以内;② 轻度混合动力,混合度在 20% 左右;③ 中度混合动力,混合度可达 30%~40%;④ 重度混合动力,混合度可达 40% 以上。

PHEV 与 HEV 的区别:传统的 HEV 由于能量密度较低(动力电池容量一般低于 1.5 kWh),因而不需要外接充电,仅在制动时回收动能为动力蓄电池充电,或者利用车辆在低速行驶时发动机的多余功率通过发电机(电动机反转)为动力电池充电。HEV 属于节能汽车,没有被国家纳入新能源汽车范畴。而 PHEV 可以行驶在纯电动模式下,也可以行驶在发动机与驱动电动机共同工作的混合动力模式下,被纳入新能源汽车范畴。

2) 增程式电动汽车

增程式电动汽车(extended-range electric vehicle, EREV)是指通过发动机给电池充电,由电动机去驱动的汽车。其工作原理是当电池组电量充足时采用纯电动模式行驶,而当电量不足时,车内发动机启动,带动发电机为动力电池充电,提供电动机运行的电力(即增程模式),即无法直接靠发动机驱动车辆,必须将汽油燃烧产生的热能转化成动能,然后转化为电能,再用电驱动汽车行驶。

3) 纯电动汽车

纯电动汽车(battery electric vehicle, BEV)是一种采用单一蓄电池作为储能动力源的汽车。它利用蓄电池作为储能动力源,通过电池向电动机提供电能,驱动电动机运转,从而推动汽车行驶。BEV 的可充电电池主要有镍镉电池、镍氢电池和锂离子电池等,这些电池可以为纯电动汽车提供动力。

4) 燃料电池电动汽车

燃料电池电动汽车(fuel cells electric vehicle,FCEV)是指在催化剂的作用下,以氢气、甲醇、天然气等为燃料,通过化学反应产生电流,依靠电机驱动的汽车。其电池能量是通过氢气和氧气的化学作用,不是经过燃烧而直接变成电能。FCEV 的化学反应过程不会产生有害产物,因此 FCEV 是无污染汽车,燃料电池的能量转换效率比内燃机要高 2～3 倍,从能源的利用和环境保护方面,FCEV 是一种理想的车辆类型。

5) 氢动力汽车

氢动力汽车(hydrogen powered vehicle,HPV)主要是以氢动力燃料电池为动力,是一种真正实现零排放的交通工具,排放出的是纯净水,其具有无污染、零排放、储量丰富等优势,因此,HPV 是传统汽车最理想的替代方案。但与传统动力汽车相比,HPV 的成本至少要高出 20%。

6) 天然气汽车

天然气汽车,是以天然气作为燃料的汽车,又称为"蓝色动力"汽车。按天然气的化学成分和形态,可以分为压缩天然气汽车(compressed natural gas,CNG)、液化天然气汽车(liquefied natural gas,LNG)和液化石油气汽车(liquefied petroleum gas,LPG)。天然气燃料具有低污染、低成本、安全性高优点,但动力性能较低、不便储运。考虑到大规模应用,须建立相应的加气站及为加气站输送天然气的管道,投入较大。目前国内的天然气汽车具有一定的发展空间,多应用于公共交通领域。

7) 其他新能源汽车

除上述新能源汽车外,醇、醚类燃料也应用于新能源汽车。例如,乙醇汽车用的燃料是乙醇汽油;二甲醚汽车是用二甲醚作为压燃式发动机的燃料,目前有两种使用方式:一是将二甲醚作为点火促进物质;二是将纯液态二甲醚进行直接燃烧。

各类新能源汽车指标的比较如表 1-2 所示。

表 1-2　各类新能源汽车的指标比较

| 类型指标 | 混合动力(PHEV 和 EREV) | 纯电动 | 燃料电池 | 天然气 | 醇/醚 |
|---|---|---|---|---|---|
| 车辆性能 | 好 | 一般 | 一般 | 差 | 一般 |
| 能量密度 | 较好 | 差 | 差 | 差 | 一般 |
| 能源储存性 | 一般 | 差 | 差 | 差 | 一般 |
| 排放性能 | 较好 | 好 | 好 | 一般 | 一般 |
| 能量转换效率 | 好 | 较好 | 好 | 差 | 差 |

续　表

| 类　型　指　标 | 混合动力(PHEV 和 EREV) | 纯电动 | 燃料电池 | 天然气 | 醇/醚 |
|---|---|---|---|---|---|
| 能源来源 | 一般 | 较好 | 好 | 差 | 一般 |
| 购车成本 | 一般 | 一般 | 差 | 较好 | 较好 |
| 燃料成本 | 较好 | 好 | 差 | 较好 | 较好 |
| 加油/电便利性 | 好 | 较好 | 差 | 差 | 一般 |

### 1.1.2　新能源汽车技术路线

2020 年 10 月,由工业和信息化部装备工业一司指导,中国汽车工程学会牵头组织编制的《节能与新能源汽车技术路线图 2.0》(以下简称"路线图 2.0")正式发布。路线图 2.0 科学规划了"1+9"的技术路线图,数字 1 和 9 分别是指新能源汽车总体技术路线图和 9 个细分领域技术路线图。

1. 技术路线研究领域

图 1-2 为新能源汽车总体技术路线图,该路线图涵盖了产业总体,包括节能汽车、纯电动与插电式混合动力汽车、燃料电池汽车、智能网联汽车、汽车动力电池、新能源汽车电驱动总成系统,充电基础设施,汽车轻量化,汽车智能制造与关键装备共九大分技术领域。

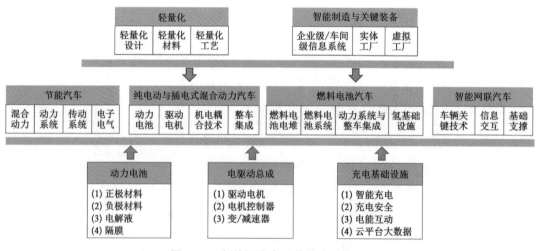

图 1-2　新能源汽车总体技术路线图

2. 新能源汽车"三纵三横"研发布局

自 2001 年国家启动新能源汽车重大专项开始,就明确了以纯电动、混合动力、燃料电池为"三纵"和以动力控制系统、驱动系统和动力电池系统为"三横"的核心发展技术路线,以及混合动力专用发动机研发。到了 2010 年,随着电动化、智能化的发展方向,提升了对于混合动力的要求,同时把智能网联、自动驾驶纳入智能化动力控制的系统,保留了"三纵三横"的结构。2020 年 11 月 2 日,国务院公布《新能源汽车产业发展规划(2021—2035 年)》,该规划提出深化新能源汽车"三纵三横"研发布局,同时也进一步明确了未来新能源汽车技术发展路线。

1)强化整车集成技术创新

以纯电动汽车、插电式混合动力(含增程式)汽车、燃料电池汽车为"三纵",布局整车技术创新链。研发新一代模块化高性能整车平台,攻关纯电动汽车底盘一体化设计、多能源动力系统集成技术,突破整车智能能量管理控制、轻量化、低摩阻等共性节能技术,提升电池管理、充电连接、结构设计等安全技术水平,提高新能源汽车整车综合性能。

2)提升产业基础能力

以动力电池与管理系统、驱动电机与电力电子、网联化与智能化技术为"三横",构建关键零部件技术供给体系。开展先进模块化动力电池与燃料电池系统技术攻关,探索新一代车用电机驱动系统解决方案,加强智能网联汽车关键零部件及系统开发,突破计算和控制基础平台技术、氢燃料电池汽车应用支撑技术等瓶颈,提升基础关键技术、先进基础工艺、基础核心零部件、关键基础材料等研发能力。

专 栏

### 新能源汽车核心技术攻关工程

实施电池技术突破行动:

开展正负极材料、电解液、隔膜、膜电极等关键核心技术研究,加强高强度、轻量化、高安全、低成本、长寿命的动力电池和燃料电池系统短板技术攻关,加快固态动力电池技术研发及产业化。

实施智能网联技术创新工程:

以新能源汽车为智能网联技术率先应用的载体,支持企业跨界协同,研发复杂环境融合感知、智能网联决策与控制、信息物理系统架构设计等关键技术,突破车载智能计算平台、高精度地图与定位、车辆与车外其他设备间的无线通信(V2X)、线控执行系统等核心技术和产品。

实施新能源汽车基础技术提升工程:

突破车规级芯片、车用操作系统、新型电子电气架构、高效高密度驱动电机系统等关键技术和产品,攻克氢能储运、加氢站、车载储氢等氢燃料电池汽车应用支撑技术。支持基础元器件、关键生产装备、高端试验仪器、开发工具、高性能自动检测设备等基础共性技术研发创新,攻关新能源汽车智能制造海量异构数据组织分析、可重构柔性制造系统集成控制等关键技术,开展高性能铝镁合金、纤维增强复合材料、低成本稀土永磁材料等关键材料产业化应用。

## 1.2    新能源汽车技术的发展意义

### 1.2.1    汽车能源与环境的关系

能源和环境成为影响世界汽车产业发展的两大决定性因素,燃油汽车与环境之间的矛盾日益突出。

1. 我国汽车能源现状

随着我国经济快速发展,汽车工业也呈现飞跃性发展,同时,石油消耗量进一步增大,不可再生能源所产生的供需矛盾日益增加,从而引起油价大幅度攀升。目前,汽车燃料仍然以汽油、柴油为主,无论是汽油、柴油都是以原油为原料。近年来,我国原油产量、消耗量及对外进口量数据如图 1-3 所示。从图 1-3 可看出,近年来,我国原油产量基本保持稳定,但进口量在 2021 年前呈逐年递增趋势,原油对外依存度达到 70% 以上。

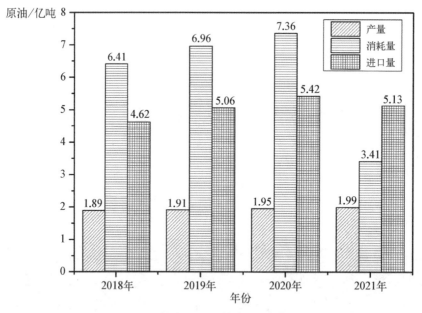

图 1-3    2018—2021 年中国原油的产量、消费量及进口量数据

2. 汽车尾气对环境造成影响

汽车尾气污染是指由汽车排放的废气造成的环境污染。进入 21 世纪,汽车排放的废气日益成为全球性问题。随着汽车数量越来越多,使用范围越来越广,它对世界环境的负面效应也越来越大,尤其是危害城市环境,引发呼吸系统疾病,造成地表空气臭氧含量过高,加重城市热岛效应,使城市环境恶化。汽车尾气则是大气污染的元凶,在汽车排放的尾气中,对环境和人体有害的成分主要是燃料不完全燃烧的产物和有害物,如一氧化碳 CO、碳氢化合物 HC、氮氧化物 $NO_x$、二氧化硫 $SO_2$、微颗粒污染物或称颗粒污染物(碳烟、高沸点可溶碳

氢、铅化物)、臭气(甲醛、丙烯醛、未燃醇)等。

1) 汽车尾气对人体健康造成危害

城市大气中的 CO 大部分都来自汽车内燃机排气。CO 与血红蛋白的亲和力是 $O_2$ 的 210 倍,CO 经呼吸道进入血液循环,与血红蛋白结合后生成碳氧血红蛋白,从而削弱血液向各组织输送氧的功能,危害中枢神经系统,造成人的感觉、反应、理解、记忆力等机能障碍,重者危害血液循环系统,导致生命危险。所以,即使是微量吸入 CO,也可能给人造成可怕的缺氧性伤害。

$NO_x$ 主要是指 $NO$、$NO_2$,它们都是对人体有害的气体,特别是对呼吸系统有危害。$NO_2$ 是一种红棕色呼吸道刺激性气体,气味阈值约为空气质量的 1.5 倍,对人体影响甚大。由于其在水中溶解度低,不易为上呼吸道吸收而深入下呼吸道和肺部,引发支气管炎、肺水肿等疾病。在质量浓度为 9.4 mg/m³ 的空气中暴露 10 分钟,即可造成呼吸系统失调。对于 $NO_x$,世界卫生组织环境健康评价组曾作出这样的结论:$NO_2$ 浓度为 0.94 mg/m³ 是短期暴露引起有害影响的最低水平;0.19~0.32 mg/m³ 最长 1 小时,一个月出现不能多于两次,才能确保公共健康。

对一般汽油发动机来说,约 60% 的 HC 来自内燃机废气排放,20%~25% 来自曲轴箱(PCV 系统)的泄漏,其余的 15%~20% 来自燃料系统(碳罐)的蒸发。甲烷是窒息性气体,其嗅觉阈值是 142.8 mg,只有高质量浓度时才对人体健康造成危害。乙烯、丙烯和乙炔则主要对植物造成伤害,使路边的树木不能正常生长。苯是一种无色类似汽油味的气体,可引起食欲减退、体重减轻、易倦、头晕、头痛、呕吐、失眠、黏膜出血等症状,也可引起血液变化,红细胞减少,出现贫血,甚至还可能导致白血病。其嗅觉阈值为 16.29 mg,对人体健康有影响的阈值为 34.8 mg。汽车尾气中还含有多环芳烃,虽然含量很低,但由于多环芳烃含有多种致癌物质(如苯并芘)而引起人们的关注。HC 和 $NO_x$ 在大气环境中受强烈太阳光紫外线照射后,发生一种复杂的光化学反应,生成一种新的污染物从而形成光化学烟雾。光化学烟雾对大气的污染造成很多不良影响,不仅对动植物有影响,甚至对建筑材料也有影响,并且大大降低能见度,影响出行。

固体悬浮颗粒成分很复杂,并具有较强的吸附能力,可以吸附各种金属粉尘、强致癌物苯并芘和病原微生物等。固体悬浮颗粒随呼吸进入人体肺部,以碰撞、扩散、沉积等方式滞留在呼吸道的不同部位,引起呼吸系统疾病。当悬浮颗粒积累到临界浓度时,可能会激发形成恶性肿瘤。此外,悬浮颗粒物还能直接接触皮肤和眼睛,阻塞皮肤的毛囊和汗腺,引起皮肤炎和眼结膜炎,甚至造成角膜损伤。

2) 汽车尾气对大气造成污染

城市空气污染中,内燃机尾气是主要的污染源之一。据环保部门统计,我国汽车排放的污染物占大气中同类污染物的比例如下:CO 为 61%,HC 为 87%,$NO_x$ 为 55%。按全国汽车保有量已突破 1 000 万辆计算,每年向大气排放的 CO 约 1 250 万吨,HC 和 $NO_x$ 约 1.25 万吨,$CO_2$ 约 1.25 亿吨。汽车尾气污染导致环境日益严重,已引起全球各国高度重视。

(1) $CO_2$ 与"地球温室效应"。$CO_2$ 对环境不会造成直接危害,但地球植被如今已受到大量破坏，$CO_2$ 浓度持续增大，对地球环境就会造成危害。太阳光照射到地球表面的能量，由于 $CO_2$ 层的阻隔很难再次散发到大气层外，热量长年积累将使地球气候变暖、土地盐碱化、沙漠化、极地冰层融化、海平面上升，造成沿海城市被淹等，形成"地球温室效应"。据统计，全世界每年排放的 $CO_2$ 中，汽车排放的 $CO_2$ 占 10%（在发达国家中，汽车排放的 $CO_2$ 约占 20%）。因此，降低汽车 $CO_2$ 的排放对温室效应问题有重要影响。

（2）$SO_2$、$NO_x$ 与酸雨。酸雨是由矿物燃料燃烧产生的 $NO_x$ 和硫的氧化物造成的。有关研究表明，以柴油机和汽油机为动力的机动车辆的排放物中，其产物硫和氮的氧化物对形成酸沉淀有很大作用。尽管汽油和柴油的含硫量较低，由汽油和柴油燃烧释放到大气中的 $SO_2$ 不到煤燃烧放出量的 2%，只占人为污染排放总量的 1.34%，但是随着汽车的普及，由内燃机排出的 $SO_2$ 对环境的污染影响不容忽视。

### 1.2.2　新能源汽车的发展地位

进入 21 世纪以来，全球能源与环境的形势异常严峻。全球经济迅速发展，化石能源对环境的污染和全球气候的影响日趋严重，并且世界大部分国家能源供应不足，不能满足经济发展的需要，能源安全和环境保护成为全球化的问题。在能源和环保的压力下，新能源汽车无疑将成为未来汽车的发展方向。在未来的"低碳经济"时代，新能源的探索与使用是经济发展的必然趋势。大力发展节能与新能源汽车是解决能源环境问题的有效途径，也是实现国家生态文明建设的有力举措。

新能源汽车产业在我国经济发展中具有重要的地位。发展新能源汽车产业是推动经济发展方向转变，促进经济增长的战略需要。我国经济快速增长与资源环境的矛盾日益尖锐，粗放式经济增长方式未得到根本改变，经济、社会发展存在内在的结构性矛盾。转变经济发展方式、调整经济结构、创新经济发展模式、加快新能源新材料等战略性新兴产业的发展，成为经济工作的重大任务和主攻方向。新能源汽车产业已经被列为我国的七大战略性新兴产业，成为国家重点发展产业，并且提出了其发展的任务、方向和主要的扶持政策。2020 年 10 月，由工业和信息化部装备工业一司指导，中国汽车工程学会牵头组织编制的《节能与新能源汽车技术路线图 2.0》正式发布，进一步强调了纯电驱动发展战略，提出至 2035 年，新能源汽车市场占比超过 50%，燃料电池汽车保有量达到 100 万辆左右，节能汽车全面实现混合动力化，汽车产业实现电动化转型。2020 年 11 月 2 日，国务院办公厅正式发布了《新能源汽车产业发展规划（2021—2035 年）》（以下简称《规划》）。《规划》明确指出，要坚持电动化、网联化、智能化发展方向，以融合创新为重点，突破关键核心技术，优化产业发展环境，推动我国新能源汽车产业高质量可持续发展，加快建设汽车强国。

在交通领域，发展节能与新能源汽车已成为政府关注的焦点和汽车企业研发的重点。新能源汽车技术的应用能降低我们对石油的依赖程度，减少 $CO_2$ 排放，取得明显的节能与环保效益。电动汽车产业化和运营商业化也为电动汽车关键零部件产业、电池和材料产业以及电力资源的合理利用提供了发展机会。在政策端，中国政府在支持充电桩等新能源汽车配套基础建设方面持续出台政策，增强新能源汽车用车的便利性。同时，完善新能源汽车的车辆购置税等减税降费政策,降低购车成本,鼓励公共交通、私家车使用者购买新能源汽车。在供给端,动力电池产量的增加和价格的降低、新能源汽车车型的多样化以及充电基础设施的完善都将助力新能源汽车的行业发展。在需求端,消费者对新能源汽车接受度不断提高,也促进新能源汽车的行业发展。

## 📖 拓展阅读

听汽车故事,学汽车知识。在这里有汽车历史的沧桑变迁,科学技术的日新月异以及在时代的跌宕中,汽车品牌与创新科技背后鲜为人知的故事。了解科技、爱上科技,跟着科技的节拍,感受科技的魅力。

1. 世界新能源汽车发展概况

电动汽车诞生于 1834 年。第一辆电动车是由英格兰人罗伯特·安德森在 1832—1839 年发明的,所用蓄电池比较简单,是不可再充电的。随后,斯特丁应用法拉第电磁感应原理,组装了一台电动三轮车。

1842 年,美国人托马斯·达文波特制造了世界第一辆电动汽车(干电池不能充电)。

1847 年,美国人摩西·法莫制造出第一辆以电池为动力的电动车。

1859 年,法国人加斯顿·普兰特发明铅酸电池,蓄电池的发明及不断进步,使其作为汽车动力成为可能。

1873 年,英国人罗伯特·戴维森在马车的基础上制造出电动三轮车,但并没有列入国际的确认范围。

1881 年,法国工程师古斯塔夫·特鲁夫发明了世界上第一辆以铅酸电池为动力的电动三轮车。该车行驶速度为 15 km/h,续航里程 16 km,这辆车被普遍认为是"世界上第一辆电动汽车",奠定了他电动汽车之父的地位。

1890 年,在美国艾奥瓦州诞生了美国第一辆蓄电池电动汽车,时速达到 23 km/h,创下了当时汽车时速的世界纪录。

1899 年,德国人波尔舍发明了一台轮毂电动机,以替代当时在汽车上普遍使用的链条传动。随后开发了 Lohner-Porsche 电动车。该车采用铅酸蓄电池作为动力源,由前轮内的轮毂电动机直接驱动,这也是第一部以保时捷(Porsche)命名的汽车。

1901 年,费迪南德·波尔舍制造了世界上第一辆四轮驱动的电动汽车。1902 年,在这辆电动汽车上又加装了一台内燃机来发电驱动轮毂电机,这也是世界上第一台混合动力汽车。

从 19 世纪 90 年代到 20 世纪初期,是电动汽车的第一个黄金时代。美国的电动汽车年产量 5 000 辆,保有量达到 5 万辆。20 世纪 20 年代初,蒸汽汽车占 40%,电动汽车占 38%,内燃机汽车只占 22%。

20 世纪 70 年代,由于石油危机和环境污染日益严重,使得曾经消失了 50 年的电动汽车迎来了第二个黄金时代。

1973年,一家美国公司推出了CitiCar车型,最高时速71 km/h,续航里程69 km。

1990年,通用EV1问世,最高时速176 km/h,可行驶200 km,可以说是现代电动汽车的鼻祖,又用镍氢电池代替铅酸电池,并可回收制动能量,达到当时电动汽车技术的巅峰。

1991年,日本推出IZA豪华电动汽车,最高时速176 km/h,续航里程高达544 km,创下当时电动汽车的世界之最。同时,美国续航里程可达到300 km的燃料电池汽车Laser Cell TM下线。

1993年,通用公司和戴克公司推出锂电池电动汽车,并采用能量回收技术。

1994年,戴克公司推出燃料电池车。

1995年,丰田公司发布了名为普锐斯(Prius)的混合动力概念车。

1996年,丰田公司推出日本第一辆燃料电池电动汽车。

1997年,丰田公司正式推出Prius车型,在2000年面向全球投产。代号NHW10的第一代混动版丰田Prius在日本丰田工厂下线。从1997—2015年,丰田共推出4代Prius车型。2000年,丰田在积累了一定的新能源车制造经验后,终于将第一代Prius推广到北美和欧洲市场。

2001年,通用汽车公司推出了世界上首辆配置汽油转化器的燃料电池汽车,这是一款基于雪佛兰S10皮卡车的原型车。

2003年,美国人马丁·艾伯哈德工程师与马克·塔彭宁共同创立了特斯拉公司,埃隆·马斯克于2008年接替CEO职位。特斯拉汽车公司是以电气工程师和物理学家尼古拉·特斯拉命名,专门生产电动汽车。

2008年,特斯拉推出Roadster双座电动跑车,是世界上第一款大规模量产且采用锂离子电池的电动跑车。

2010年,电动汽车进入第四次快速发展期。在所有的电动汽车品牌中,特斯拉异军突起,成为当时的行业巨头。

2012年,特拉斯推出Model S,是一款全尺寸高性能纯电动轿车。2012年2月9日,发布了全尺寸纯电动SUV车型Model X,是一款以电机为驱动方式的中大型SUV。2016年,特斯拉针对大众市场消费者推出Model 3。2017年,特斯拉推出一款紧凑型SUV电动汽车Model Y。2019年11月22日,特斯拉公司发布了旗下首款纯电动皮卡Cybertruck,这也是特斯拉发布的第七款量产车型。

近年来,宝马已推出多款混动及电动新能源汽车,如宝马X5、i3、i8等多个产品。奥迪A6L e - tron搭载由2.0 TFSI汽油发动机和电动机组成的混动系统。

2. 中国新能源汽车发展历史

2000—2017年,中国新能源车由起步逐渐向成熟转变。

中国新能源汽车产业始于21世纪初。2001年,新能源汽车研究项目被列入国家"十五"期间的"863"重大科技课题,并规划了以汽油车为起点,向氢动力车目标挺进的战略。"十一五"以来,我国提出"节能和新能源汽车"战略,政府高度关注新能源汽车研发和产业化。

2008年,为我国"新能源汽车元年",新能源汽车在国内已呈全面出击之势。

2009 年,在密集的扶持政策出台背景下,我国新能源汽车驶入快速发展轨道。

2010 年,我国加大对新能源汽车的扶持力度,开启了新能源补贴试点,新能源汽车进入全面政策扶持阶段。

2011—2015 年,中国新能源车开始进入产业化阶段,在全社会推广新能源城市客车、混合动力轿车及小型电动车。

2016 年至今,新能源汽车产业飞跃式发展。我国将进一步普及新能源汽车,插电式电动汽车、多能源混合动力汽车将逐步进入每一个普通的家庭。

3. 结语

19 世纪 90 年代末和 20 世纪初,电动汽车在百花齐放中步入第一次黄金时代。电动汽车一度占据机动车市场近 40% 份额,但因基础配套不足和技术不成熟,与内燃机汽车二次交锋,电动汽车迅速衰弱。

20 世纪 60—90 年代,经历不断的试错及技术进步之后,加上石油危机再次使新能源汽车获得重生,新能源汽车第二次机遇悄然而至。但此时的燃油汽车已如日中天,电动汽车并未在汽车市场激起太大波澜。

20 世纪 90 年代到 21 世纪前 10 年,新能源汽车第三次大发展。在"环保法规"背景下新能源汽车已转入小批量生产和实际应用的探索时代。

2010 年至今,新能源汽车进入第四次快速发展期,新能源汽车前进的脚步越来越稳健,特别是 2008 年次贷危机之后,全球化浪潮趋势受到了前所未有的挑战。石油价格长期处于高位、石油供需失衡突出、能源安全问题愈发严重,再加上燃油汽车带来的空气及其他污染问题,交通工具电动化受到各个国家前所未有的重视,新能源汽车迎来了第四次发展浪潮。

## 本章习题

**一、填空题**

1. (　　　)和(　　　)成为影响世界汽车产业发展的两大决定性因素。

2. 狭义新能源汽车是指采用(　　　)车用燃料作为动力来源(或使用常规的车用燃料,采用新型车载动力装置),综合车辆的动力控制和驱动方面的先进技术,形成的技术原理先进,具有新技术、(　　　)的汽车。

3. 根据国家工信部发布的《新能源汽车生产企业及产品准入管理规则》,新能源汽车包括插电式混合动力电动汽车(含增程式)、(　　　)、(　　　)、氢动力汽车、天然气汽车以及其他新能源汽车。

**二、判断题**

1. 燃料电池电动汽车 FCEV 中,电池能量是氢气($H_2$)和氧气($O_2$)通过燃烧直接变成电能。　　　　　　　　　　　　　　　　　　　　　　　　　　　　(　　　)

2. 当前,非插电式混合动力汽车属于节能汽车,没有被国家纳入新能源汽车范畴,而插

电式混合动力汽车 PHEV,被纳入新能源汽车范畴。　　　　　　　　　（　　）

3. 增程式电动汽车 EREV 可以直接靠发动机驱动车辆行驶。　　　　　（　　）

4. 氢动力汽车 HPV 主要是以氢动力燃料电池为燃料,是一种真正实现零排放的交通工具。　　　　　　　　　　　　　　　　　　　　　　　　　　　　　（　　）

5. 我国《节能与新能源汽车技术路线图 2.0》科学规划了 1 个新能源汽车总体技术路线和 9 个细分领域技术路线。　　　　　　　　　　　　　　　　　　　　　（　　）

### 三、简答题

1. 简述能源与新能源的区别是什么? 汽车新能源与新能源汽车的定义分别是什么?

2. 广义和狭义的新能源汽车定义分别是什么? 我国新能源汽车的分类是什么?

3.《节能与新能源汽车技术路线图 2.0》中的"1+9"指的是什么?《新能源汽车产业发展规划(2021—2035 年)》中的"三纵三横"指的是什么?

4. 下列缩写的英语字母对应的英文全称及中文含义分别是什么?

| 英　文　简　称 | 英　文　全　称 | 中　文　含　义 |
| --- | --- | --- |
| HEV | | |
| PHEV | | |
| EREV | | |
| BEV | | |
| FCEV | | |
| HPV | | |

# 第2章

# 混合动力汽车技术

## 学习目标

(1) 了解混合动力汽车的技术发展。

(2) 熟悉混合动力汽车的定义和分类。

(3) 掌握串联式、并联式、混联式混合动力汽车的结构与工作原理。

(4) 熟悉插电式混合动力汽车工作原理。

## 问题导入

乘用车有蓝色车牌照和绿色车牌照,大家认为所有的蓝色车牌都是传统车吗? 答案是否定的,因为部分蓝色车牌的车是微混的混合动力车。那么,我们怎么能够快速区分混合动力车的类型和结构呢?

## 2.1 混合动力汽车发展现状及趋势

目前,我国各大汽车集团都在进行混合动力汽车的研发。一汽研发的红旗 HQ3 于 2006 年投产,如图 2-1 所示;东风集团的混合动力公交车已于 2005 年 7 月完成最终产品定型样车试验并通过验收;奇瑞集团成立了国家节能环保汽车工程技术研究中心,2007 年 11 月底,10 辆奇瑞传送带驱动启动发电机(belt driven starter generator,BSG)混合动力轿车率先销售到奇瑞出租车公司,小批量投放出租车市场;奇瑞 A5 混合动力轿车为奥运会提供服务,也有出色表现。

2007 年 12 月 13 日,长安汽车集团自主研发了首款量产杰勋混合动力汽车。深圳五洲龙汽车有限公司将建立中国规模最大、投放车辆最多的混合动力示范运营线路,该线路将在深圳市龙岗区开通。上汽集团与通用签署协议,将联手开发混合动力轿车和公交客车。上海别克君越 eco-hybrid 油电混合动力汽车是国内第一款中高档量产混合动力车型,采用独立的电机-镍氢电池组动力辅助系统,配有 2.4 L 发动机,在车辆减速和静止状态下发动机自

图 2-1    红旗 HQ3

动切断燃油供应,实现零排放。

2011 年上市的荣威 750 混合动力汽车是基于 1.8T 车型平台上,采用高压混动电机,搭载的是磷酸铁锂电池,综合节油率在 20% 左右,百公里综合油耗为 7.5 L。2013 年 11 月,上汽荣威 550 插电式混合动力汽车在广州车展上正式亮相,其百公里油耗仅为 2.7 L,续航里程可达 500 km。技术路线上采用的是发动机+P1 电机+P2 电机+AMT,可实现纯电动、纯发动机、串联、并联和混联等多种工作模式。比亚迪 F3DM 插电式混动车型已经实现量产,如图 2-2 所示。比亚迪秦搭载第二代 DM(混动)系统,相比第一代,在动力性和经济性上都有大幅提升。

图 2-2    比亚迪 F3DM

混合动力汽车的技术发展趋势:

(1) 轿车混合动力系统的模块化愈加明显,逐步推进汽车动力的电气化。

(2) 城市客车混合动力系统出现平台化趋势。发电机组+驱动电机+储能装置构成了混合动力系统的基本技术平台。通过换用不同的发电机组,使柴油内燃机到气体燃料发动机各种不同的能源动力转化装置,形成油-电、气-电、电-电各种不同的混合动力系统,促进动力系统的平稳过渡与转型。

（3）插电式混合动力技术越来越引起人们的关注。通用汽车公司早些年前展示了插电式混合动力概念车 Volt Concept。该车配备了新一代驱动系统，混合形式为串联型，采用通过两个额定功率为 40 kW 的轮边电机驱动前轮的驱动方式，配合 1.0 L 排量 3 缸涡轮增压汽油发动机，以及最大输出功率为 53 kW 的电机。

## 2.2　混合动力汽车定义

### 2.2.1　定义

GB/T 19596—2017《电动汽车术语》规定，混合动力汽车是指至少能够从可消耗的燃料、可再充电能/能量储存装置这两类车载储存的能量中获得动力的汽车。

### 2.2.2　特点

1. 混合动力汽车的优点

采用混合动力后可按平均需用的功率来确定内燃机的最大功率，此时汽车处于油耗低、污染少的最优工况下工作。需要大功率而内燃机功率不足时，由电池来补充；当负荷小时，富余的功率可发电给电池充电，由于内燃机可持续工作，电池又可以不断得到充电，故其行程与普通汽车一样。因为有了电池，可以十分方便地回收制动时、下坡时、怠速时的能量。在繁华市区，可关停内燃机，由电池单独驱动，实现"零排放"。有了内燃机可以十分方便地解决耗能大的空调、取暖、除霜等纯电动汽车遇到的难题。可以利用现有的加油站加油，不必增加再投资。可让电池保持在良好的工作状态，不发生过充、过放，延长其使用寿命，降低成本。

2. 混合动力汽车的缺点

由于有多个动力源而使成本提高，如何实现多个动力源的配合工作，成为混合动力车要解决的关键问题。由于有多个动力源，增加了质量和所必需的装载空间，这就降低了混合动力汽车的有效负载能力。

## 2.3　混合动力汽车分类

### 2.3.1　按能量混合比分类

按照两种不同能量的混合比例不同，混合动力汽车有 4 种类型，即微混合、轻混合、中混合和重混合。

微混合动力系统：混合度低于 10% 的混合动力汽车，主要应用于发动机启停的混合动力结构，节油效果有限，基本结构如图 2-3 所示。

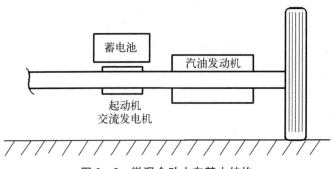

图 2 - 3    微混合动力车基本结构

轻混合动力系统:混合度在 10%～20% 之间的混合动力汽车,可以在发动机启停时提供动力辅助,并能够进行怠速能量回收和制动能量回馈,能够在行驶中对发动机的工作区间进行调节,使其工作在燃油经济区,基本结构如图 2 - 4 所示。

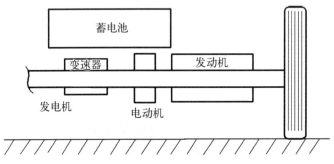

图 2 - 4    轻混合动力车基本结构

中混动力系统:混合度可以达到 30% 左右的混合动力汽车。由于驱动电机所占的功率比重上升,中混合动力有着更强的动力性,可以更好地优化发动机工况,驾驶体验与节油性也更好。

重混合动力系统:混合度可以达到 50% 左右的混合动力汽车。完全混合动力汽车是混合动力汽车发展的完全体,能够保证续驶里程和节能环保性能最佳的平衡点。

### 2.3.2    按动力传动系统布置分类

目前世界各国研究开发的混合动力电动汽车有不同的结构形式,根据其动力传动系统的配置和组合方式不同,可以将 HEV 的动力系统分为 3 种基本结构:串联式、并联式和混合式。

1. 串联式混合动力汽车

发动机、发电机和驱动电机(又简称电机或电动机)3 个动力源通过串联的方式将动力进行耦合。发动机运行在合适的工况下,带动发电机进行发电,发电机产生的电量一部分供给驱动电机驱动车辆行驶,多余的电量供给动力电池充电储存起来,驱动电机也可以由动力电池提供电量驱动车辆行驶,发动机不直接参与驱动车辆,如图 2 - 5 所示。

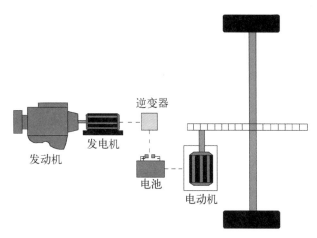

图 2-5　串联式混合动力汽车

2. 并联式混合动力汽车

并联式混合动力汽车是发动机和驱动电机通过并联耦合机构进行动力耦合,发动机和驱动电机可以协同驱动车辆,两者也可以单独驱动车辆,如图 2-6 所示。在并联式混合动力汽车中,混合电机是驱动发电一体机,电机的工作状态可以分为驱动状态和发电状态。并联式混合动力汽车通过合理的模式切换控制策略在混动模式、纯电模式和纯发动机模式之间切换,可以有效降低车辆的燃油消耗和尾气排放,提高车辆的能量利用率。

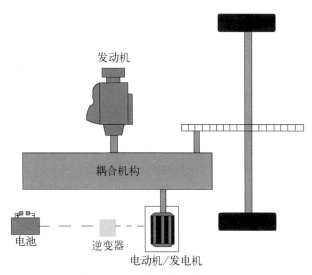

图 2-6　并联式混合动力汽车

3. 混联式混合动力汽车

混联式混合动力汽车综合了串联式和并联式混合动力汽车的结构特点,具有两者的优点,由发动机、驱动发电一体机和驱动电机构成。由于其具有 3 个动力源,在驱动车辆行驶中有着更多的匹配方式,可以使车辆在复杂工况下仍然能够使各个动力源都工作在高效率的工作区间,以达到节能减排的目的,如图2-7所示。可以根据不同的驾驶员行驶车速需求,切换为串联模式和并联模式,使车辆的能量利用率达到最优,提高车辆的动力性。

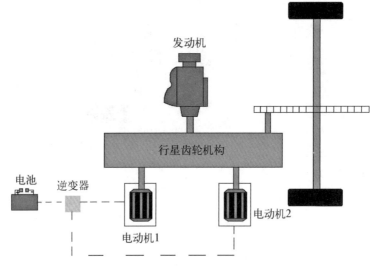

**图2-7　混联式混合动力汽车**

三种不同混合动力系统的技术特点如表2-1所示。

**表2-1　三种混合动力系统特点对比**

| 系统结构 | 动力系统的主要组成 | 技 术 特 点 |
|---|---|---|
| 串联式 | 发动机、发电机、驱动电机 | 发动机效率高,结构简单,但对蓄电池要求高,能量利用率低 |
| 并联式 | 驱动电机/发电机、发动机、耦合机构 | 与串联式相比,动力总成尺寸小、重量轻、能量利用率高,但控制比较复杂,成本高 |
| 混联式 | 发动机、发电机、驱动电机、耦合机构 | 兼顾两者的优点,可灵活控制发动机和电动机,但结构复杂,控制难度大,成本高 |

### 2.3.3　按能否外接电源进行充电分类

按能否外接电源进行充电区分,混合动力汽车可分为插电式混合动力和非插电式混合动力两种类型。

插电式混合动力汽车:车载动力电池容量较大,可以外部充电,可以纯电模式行驶较长的里程,并可以在行驶过程中进行充电或在条件允许时采用充电桩进行充电。

非插电式混合动力汽车:不可以进行外部充电,车载动力电池容量较小,仅在起/停、加/减速的时候供应/回收能量,以纯电模式行驶里程较短。

## 2.4　串联式混合动力汽车

### 2.4.1　结构

1. 定义

GB/T 19596—2017《电动汽车术语》中对串联式混合动力电动汽车的定义:车辆的驱动力只来源于电机的混合动力电动汽车。由发动机、发电机和电动机用串联的方式组成动力系统,发动机不驱动汽车而驱动发电机发电,电能通过控制器输送到电池或电动机,由电动机单独驱动的混合动力汽车。

2. 结构与工作原理

串联式混合动力系统的结构如图 2-8 所示。串联式混合动力系统利用发动机动力发电,从而带动电动机驱动车轮。其基本结构是由电动机、发动机、发电机、动力蓄电池和逆变器等组成。

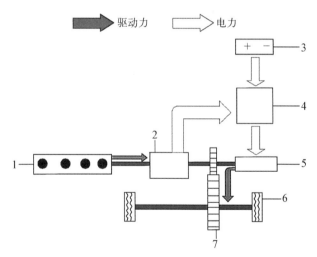

1—发动机;2—发电机;3—动力蓄电池;4—逆变器;
5—电动机;6—驱动轮;7—减速器。

**图 2-8　串联式混合动力系统**

串联式混合动力系统工作原理:发动机带动发电机发电,发出的电能通过电动机控制器输送给电动机,由电动机将电能转化为机械能,驱动汽车行驶。储能系统(动力电池、超级电容、飞轮等)是发电机与电动机之间的储能装置,起到功率平衡的作用,即当发电机发出的功率大于电动机所需的功率时(如汽车减速滑行、低速行驶或短时停车等工况),多余的电能向储能系统充电,而当发电机发出的功率低于电动机所需的功率时(如汽车起步、加速、爬坡、高速行驶等工况),储能系统向电动机提供额外的电能,补充发电机功率的不足,满足车辆峰值功率需求。

### 2.4.2　工作模式

从串联式混合动力的结构上来讲,其具有纯电动驱动、发动机驱动、混合驱动、发动机驱动＋充电、发动机仅充电和制动能量回收六种工作模式。

1. 纯电动驱动模式

当整车电池电量 SOC 充足时,发动机关闭,电池单独输出电能给电动机,由电动机驱动整车行驶,如图 2-9 所示。

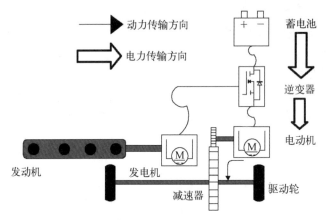

**图 2-9　纯电动驱动模式**

2. 发动机驱动模式

当电池电量不足时,发动机启动,带动发电机发电供给电动机,从而满足整车行驶需求。此时电池既不供电也不从驱动系统中吸收能量,如图 2-10 所示。这里需要注意的是,此时发动机并不是直接带动驱动电机旋转使整车行驶,而仍是进行了将机械能转换为电能,电能转化为机械能的两次能量转化。如果是发动机功率直接传递到车轮,那将属于混联式混合动力。

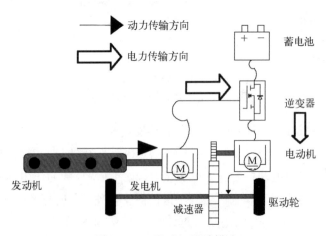

**图 2-10　发动机驱动模式**

### 3. 混合驱动模式

混合驱动模式如图 2-11 所示,当整车需要大功率时,也就是说,驾驶员猛踩油门,发动机启动,发动机-发电机组和电池两者向电动机供电。但为了达到省油的目的,还是会控制发动机工作在最佳燃油经济性区域。

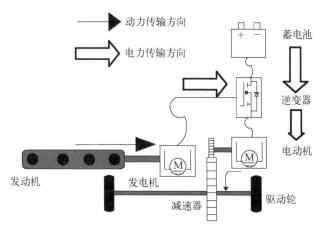

**图 2-11　混合驱动模式**

### 4. 行车充电模式

当电池的电量 SOC 达到最低值时,必须予以充电,此时发动机运行,发动机的功率被分解为两部分:一部分用于传递给电动机,驱动整车行驶;另一部分则用于给电池充电,行车充电模式如图 2-12 所示。发动机与发电机的功率在电耦合器(逆变器)中实施分解。

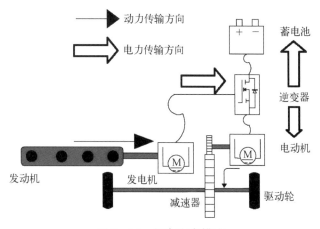

**图 2-12　行车充电模式**

### 5. 停车充电模式

停车充电模式如图 2-13 所示,当整车停止且电池电量 SOC 值较低,又暂时无法进行外部充电,此时可启动发动机,发动机和发电机组发电给电池充电,通过消耗燃油保持整车可继续行驶。

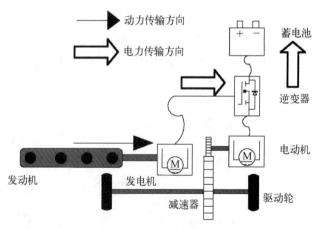

图 2 - 13    停车充电模式

6. 制动能量回收模式

制动能量回收模式如图 2 - 14 所示,当车辆制动时,发动机处于关闭状态,车轮带动电动机旋转,电动机作为发电机,将整车质量的部分动能转变为电能,向电池充电。

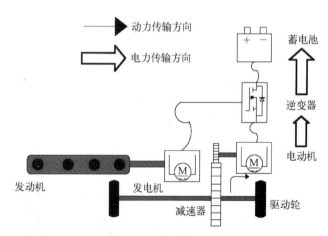

图 2 - 14    制动能量回收模式

### 2.4.3    特点

1. 串联式混合动力系统的优点

(1) 串联式混合动力系统可以始终在最佳的工作区域内稳定运行,发动机具有良好的经济性和较低的排放性能。

(2) 发动机与电机之间无机械连接,整车的结构布置自由度较大,各种驱动系统器件可以放在最适合的位置。

(3) 由于电动机的功率大,制动能量回收的潜力大,可以提高能量利用效率。

2. 串联式混合动力系统的缺点

(1) 发电机将发动机的机械能转变为电能,电动机又将电能转变为机械能,而且电池在充电和放电过程中也会存在能量损失,因此发动机输出的能量利用率比较低。

(2) 电动机是唯一驱动汽车行驶的动力装置,因此电动机的功率要足够大。

## 2.5　并联式混合动力汽车

### 2.5.1　结构

1. 定义

国家标准 GB/T 19596—2017《电动汽车术语》中对并联式混合动力汽车的定义:车辆行驶系统的驱动力由电机及发动机同时或单独供给的混合动力电动汽车。发动机和驱动电机都是动力总成,两个动力总成的动力可以相互叠加,也可以单独输出。

2. 结构与工作原理

并联式混合动力汽车可以采用发动机单独驱动、电动机单独驱动或发动机和电动机混合驱动三种工作模式。图2-15所示是单轴式并联混合动力系统,发动机通过主传动轴与变速器相连,电动机的转矩通过齿轮与内燃机的转矩在变速器前进中复合,这种形式称为转矩复合。在单轴式结构中,内燃机、电动机和变速器输入轴之间的转速成一定比例关系。

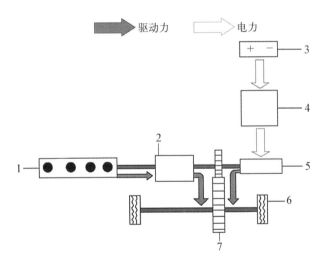

1—发动机;2—变速器;3—动力蓄电池;4—变压器;
5—电动机;6—驱动轮;7—减速器。

**图 2-15　单轴式并联式混合动力系统**

### 2.5.2　工作模式

1. 纯电动工作模式

在车辆启动、低速及轻载行驶时,发动机关闭,车辆由电动机驱动,为纯电动工况(见图 2-16),可以获得较高的效率。

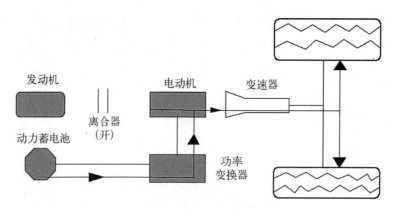

图 2-16    纯电动工作模式

## 2. 混合动力模式

混合动力模式如图 2-17 所示,在车辆正常行驶、加速及爬坡时,车辆需要更大的驱动力,发动机和电动机同时工作驱动车辆行驶,以满足动力要求,此时电动机的能量来自电池组。

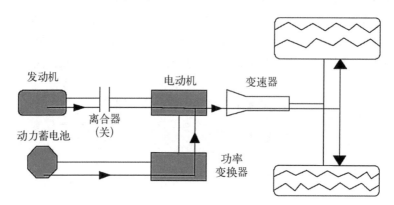

图 2-17    混合动力模式

## 3. 行车充电模式

行车充电模式如图 2-18 所示,在车辆行驶过程中,当车载电池组电量过低时,发动机在驱动车辆行驶的同时向动力蓄电池补充充电。

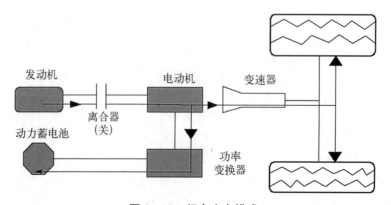

图 2-18    行车充电模式

4. 制动能量回收

制动能量回收模式如图 2-19 所示，在车辆减速及制动时，电动机以发电机模式工作，回收车辆制动能量向动力蓄电池充电。

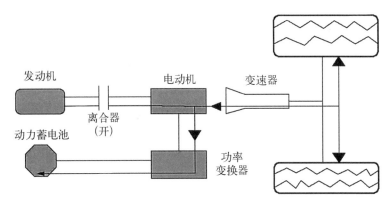

图 2-19　制动能量回收模式

### 2.5.3　特点

并联式混合动力汽车与串联式混合动力汽车相比，有优点也有缺点。

1. 优点

（1）两条驱动路径并联，增加了驱动功率。并联式混合动力汽车具有发动机和电动机/发电机两套动力系统，增强了混合动力汽车的动力。

（2）能量转化效率高。并联式混合动力汽车从发动机到车轮之间的动力传递过程中，除摩擦损耗外，没有机械能—电能—机械能的转换过程，总的能量转换综合效率要比串联式混合动力汽车高。

（3）动力元件比串联式混合动力驱动系统更小。由于在车辆需要较大输出功率时，电动机/发电机可给发动机提供额外的辅助动力，可以选择功率较小的发动机，燃料经济性比串联式混合动力汽车要高，比串联式混合动力汽车的三个动力总成的功率、质量和体积要小很多。

（4）储能元件容量要求减小。电动机/发电机的功率根据多能源动力总成匹配的要求，可以选择较小功率的发动机。与此相对应，电动机/发电机的质量和体积较小，与它们配套的动力电池组的容量也较小，使整车整备质量大大减轻。

2. 缺点

发动机工作状态受路面行驶工况影响。发动机驱动模式是并联式混合动力汽车的基本驱动模式，发动机的工况会受到汽车行驶工况的影响，无法一直运行在高效区域。因此，发动机的排放性能劣于串联式混合动力汽车。

相比串联式混合动力汽车，其结构和布置更复杂。并联式混合动力汽车发动机驱动路径需要配备与内燃机相同的传动系统，包括离合器、变速器、传动轴、主减速器和差速器等传动总成，另外还有电动机/发电机、动力电池组以及动力耦合等装置。因此，并联式混合动力汽车的多能源动力系统结构复杂,布置和控制困难。

## 2.6　混联式混合动力汽车

### 2.6.1　结构

1. 定义

国家标准 GB/T 19596—2017《电动汽车术语》中规定,混联式混合动力汽车是综合串联和并联两种特征的混合动力汽车。其发动机既可单独驱动发电机发电而由电动机单独驱动汽车,也可直接参与驱动汽车。

根据行驶条件的不同,混联式混合动力汽车可以仅靠电动机驱动力来行驶,或者利用发动机和电动机驱动行驶。另外还安装有发电机,所以可以一边行驶,一边给 HV 蓄电池充电。基本结构由电动机、发动机、HV 蓄电池、发电机、动力分离装置、电子控制单元(变压器、转换器)组成。利用动力分离装置将发动机的动力分成两份,一部分用来直接驱动车轮,另一部分用来发电,给电动机供应电力和 HV 蓄电池充电。

2. 结构与工作原理

混联式混合动力驱动系统可以在串联混合动力模式下工作,也可以在并联混合动力模式下工作,即两种模式的综合。这就要求有两台电动机、一个比较复杂的传动系统和一个智能化控制系统。

混联式混合动力驱动系统的结构如图 2-20 所示,其工作原理如下：发动机发出的功率一部分通过功率分流装置,经机械传动系统传至驱动轮,另一部分则驱动发电机发电,发出的电能输送给电动机或蓄电池,电动机的力矩同样也可通过传动系统传送给驱动轮。混联

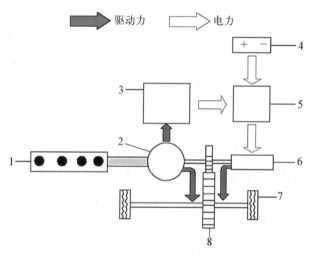

1—发动机；2—动力分离装置；3—发电机；4—动力蓄电池；
5—变压器；6—电动机；7—驱动轮；8—减速器。

**图 2-20　混联式混合动力驱动系统**

式驱动系统的一般控制策略是在汽车低速行驶时,驱动系统主要以串联式工作;当汽车高速稳定行驶时,则以并联式为主。

## 2.6.2　工作模式

### 1. 发动机单独驱动模式

在高速巡航时,发动机选用单独驱动模式,此时相当于传统燃油汽车运行。传动系统能量流如图 2 - 21 所示。

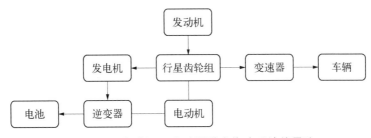

**图 2 - 21　发动机驱动时混联式传动系统能量流**

### 2. 纯电动驱动模式

在市区行驶时,如果电池完全充满,发动机则选用纯电动驱动模式。传动系统能量流如图 2 - 22 所示。

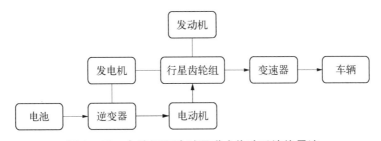

**图 2 - 22　电动机驱动时混联式传动系统能量流**

### 3. 能量回收模式

在制动或减速时,电动机起到发电机的作用,将部分动能转化为电能存储到电池里,如图 2 - 23 所示。

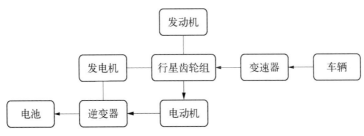

**图 2 - 23　能量回收时混联式传动系统能量流**

**4. 功率辅助模式**

在起步或加速阶段,发动机只为耦合器提供总功率的一部分,剩下的功率要由电动机来提供,实现"功率辅助"的目的。传动系统能量流如图 2 - 24 所示。

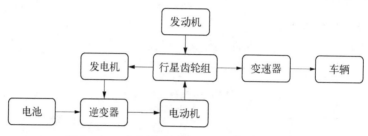

**图 2 - 24　功率辅助时混联式传动系统能量流**

**5. 充电模式**

当电池电量较低时,发动机启动,并将其设置在最大功率工作点上,发动机输出的功率与汽车所需功率的差值将通过发电机为电池充电,传动系统能量流如图 2 - 25 所示。

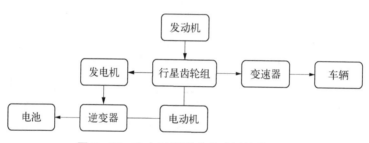

**图 2 - 25　充电时混联式传动系统能量流**

### 2.6.3　特点

**1. 优点**

(1) 与串联式混合动力汽车相比,混联式混合动力汽车的动力系统更小,成本降低。它是在并联式混合动力汽车的基础上,再增加电动机/发电机或驱动电机,因此,混联式混合动力汽车由三个动力总成组成,三个动力总成以 50%～100% 的功率驱动车辆,但比串联式混合动力汽车动力总成的功率、质量和体积要小。

(2) 多种工作模式获得更好的性能。混联式混合动力汽车有多种驱动模式可供选择,包括串联驱动和并联驱动,使发动机的工作状态在多变的工况中都可以选择最优的模式。

(3) 发动机参与驱动减少能量转换损失。发动机驱动模式是混联式混合动力汽车的基本驱动模式之一,从发动机到车轮之间动力传递过程中,除摩擦损耗外,没有机械能—电能—机械能的转换过程,能量转换的综合效率要比内燃机汽车高。

(4) 纯电动行驶降低排放。纯电动机驱动模式也是混联式混合动力汽车的基本驱动模式之一,可以独立驱动车辆行驶,在车辆启动及起步时,发挥电动机低速大转矩的特点,带动车辆起步,实现"零污染"行驶。

2. 缺点

(1) 发动机参与驱动在特殊工况下的排放劣于串联式混合动力汽车。混联式混合动力汽车的动力性能更接近于内燃机汽车发动机的工况,会受行驶工况的影响,发动机有害气体的排放高于串联式混合动力汽车。

(2) 结构复杂,布置困难。混联式混合动力汽车需要配备两套驱动系统,发动机传动系统需要装置离合器、变速器、传动轴和驱动轮等传动总成,另外还有电动机/发电机、驱动电机、减速器、动力电池组以及多能源的动力组合或协调发动机驱动与驱动电机驱动力的专用装置。因此,混联式混合动力汽车的多能源动力系统结构更复杂,总体布置也更加困难。

(3) 整车多能源控制系统要求更高、更复杂。多能源动力的匹配与组合有不同的组合形式,需要装配一个复杂的多能源动力总成控制系统,才能达到更高的经济性和超低污染的控制目标。

## 2.7　插电式混合动力汽车

### 2.7.1　结构

插电式混合动力驱动系统(plug-in hybrid electric vehicle,PHEV)是在三种混合动力系统(串联、并联、混联)基础上发展起来的一种混合动力系统。图 2-26 是比亚迪秦混合动力系统的结构。

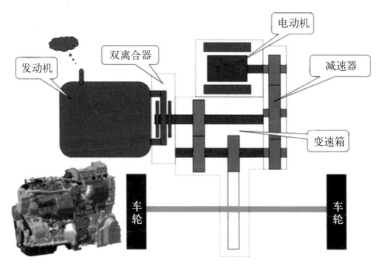

**图 2-26　并联式 plug-in 混合动力系统结构**

比亚迪秦双模混动车型动力系统的组成:(Ti)发动机、双离合器变速器、高转速电机、电动机控制器集成、分布式电源管理、动力电池。

### 2.7.2　工作模式

**1. EV 纯电动模式**

在纯电动工作模式下,电池提供电能,供电动机驱动车辆,可以满足各种工况行驶,如起步、倒车、怠速、匀速行驶等。EV 纯电动模式如图 2 - 27 所示。

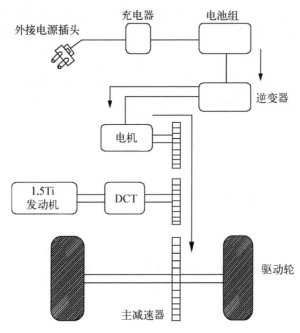

**图 2 - 27　EV 纯电动模式**

**2. HEV 稳定发电模式**

当电量不足时,系统从 EV 模式自行切换到 HEV 模式,使用发动机驱动,在车辆以较稳定的速度行驶时,发动机输出的一部分扭矩会驱动电机进行发电,对动力电池进行充电,如图 2 - 28 所示。

**3. HEV 混动模式**

当用户从 EV 模式切换到 HEV 模式后,车辆由发动机和电机共同驱动,如图 2 - 29 所示,实现了最佳的动力性,但仍能保证混合动力系统具有良好的经济性。

**4. HEV 燃油驱动模式**

当电量不足或高压系统故障时,可单独使用发动机驱动,如图 2 - 30 所示,实现了高压系统的独立性。

**5. 能量回收工作模式**

在车辆减速或制动时,电机将车辆需要降低的动能转化为电能储存在动力电池内,如图 2 - 31 所示。

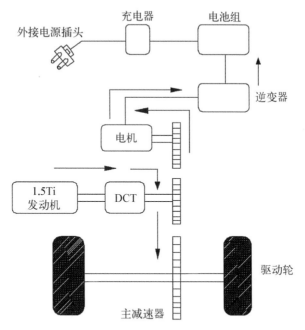

图 2 – 28　HEV 稳定发电模式

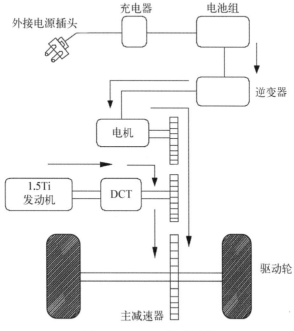

图 2 – 29　HEV 混动模式

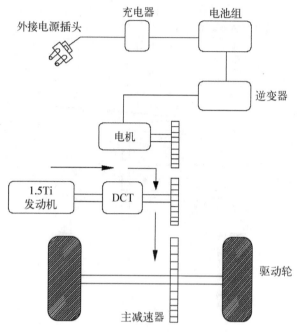

图 2-30 HEV 燃油驱动模式

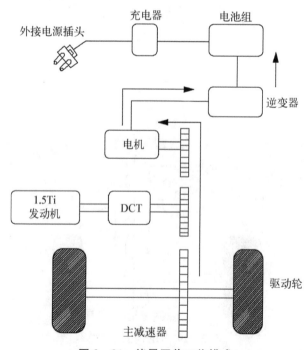

图 2-31 能量回收工作模式

### 2.7.3 特点

**1. 优点**

插电式混合动力汽车具有纯电动车的全部优点,一是可利用晚间低谷电对电池充电,从而改善电厂的机组效率,节约能源;二是,减少温室气体和各种有害物的排放,降低对石油燃料的依赖,减少石油进口,提升国家能源的安全性。

如果是在城市内行驶,距离较短,使用纯电动模式,不消耗燃油;如果长途旅行距离较长,使用混合驱动模式增加续驶里程数。插电式混合动力汽车可以利用外部电网对车载电池组充电。

**2. 缺点**

需根据特定需求确定纯电动里程,同时影响电池大小的选择。

纯电动行驶对电池提出较高要求,例如电池要有足够高的能量密度和功率密度,较长的循环寿命,放电及充电性能要求均高。

对充电设施的要求,包括充电站的建设等。

📖 **拓展阅读**

混合动力汽车除了上述类型外,还有增程式电动汽车(EREV),该类型车为了解决纯电动汽车续航里程短的问题,在纯电动汽车的基础上,增加 1 个增程器(RE)以增加电动汽车的续航里程。

**1. 增程式电动汽车定义**

定义:EREV 是当车载可充电储能系统(RESS)能够提供电能时,以纯电动汽车模式运行,同时带有一个仅当 RESS 能量不足时启动工作的附加能量装置的车辆。对于可插电的增程式电动汽车,还可通过车载充电机,使用 220 V 家用电源对电池包进行充电。

**2. 增程式电动汽车的结构与工作原理**

增程式电动汽车通常搭载动力电池组和一个由"内燃机+发电机"组成的辅助动力系统(车载发电机组,又称增程器,简称 APU)。增程式电动汽车与纯电动汽车和串联式混合动力汽车一样,采用纯电驱动的方式工作,与插电式混合动力汽车一样,可以外接充电。

增程式电动汽车动力系统结构如图 2-32 所示。主要由动力电池、增程器及驱动电机等组成。其中,动力电池和增程器并联,通过功率转换器向驱动电机输出功率;动力电池作为主要动力源要保证车辆的动力性能、吸收制动回馈能量和提供一定的蓄电池纯电动续驶里程。驱动电机将电能转化为机械能,通过传动装置将转矩传至车轮;驱动电机应具有制动再生功能,当车辆制动时,将机械能转化为电能,输送到动力电池。

**3. 增程式电动汽车的工作模式**

(1) 纯电动工作模式。使用外部充电桩或者家用电源插座为车辆充电,在动力电池组的容量范围内,车辆采用纯电动模式运行,与纯电动汽车相同。

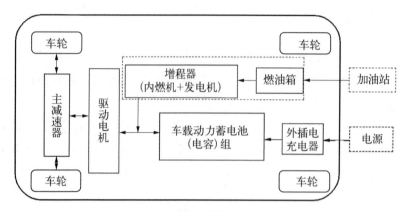

**图 2-32　增程式电动汽车结构**

（2）混合动力模式。完全依靠车载发电机组提供电能,动力电池组起到储能、车辆起步、加速助力和制动能量回收的作用,与串联式混合动力电动车工作原理相同。其另一个优点就是在特殊情况下,外部无法为车辆提供电能补充的时候,此工作模式能够保证车辆的正常行驶。在该模式下,节油率为 20%～30%。

（3）插电工作模式。晚上充电桩充电,白天有计划地使用电池能量,降低燃油发动机动力,显著提高节油率,同时具有启动助力和刹车能量回收功能,可使节油率达 50%以上。

 **本章习题**

**一、填空题**

1. 混合动力汽车一般至少需要（　　　）储能装置。

2. 通常把燃油（气）发动机与电动机两种动力组合而成的混合动力电动汽车称为（　　　）。

3. （　　　）混合动力电动汽车的结构特点是并联式驱动系统可以单独使用发动机或电机作为动力源,也可以同时使用电机和发动机作为动力源驱动车辆行驶。

4. 微混合型混合动力电动汽车以发动机为主要动力源,电机作为辅助动力,具备制动能量回收功能的混合动力电动汽车。电机的峰值功率和总功率的比值小于（　　　）。

**二、判断题**

1. 混合动力汽车储能装置流向车轮的这些通道,至少有一条是可逆的。　　　　　（　　）

2. 串联式混合动力电动汽车车辆行驶系统的驱动力只来源于发动机。　　　　　（　　）

3. 中混型混合动力汽车以发动机和/或电动机为动力源（一般情况下,电机的峰值功率和总功率的比值大于 30%）且电机可以独立驱动车辆正常行驶。　　　　　（　　）

4. 并联式混合动力系统中,电机辅助混合动力模式主要利用发动机来驱动车辆。（　　）

**三、简答题**

1. 混合动力汽车的定义是什么？按照动力传动系统布置分为哪几类？

2. 混联式混合动力汽车的优缺点分别是什么？

3. 根据图 2-28～图 2-32,说明比亚迪秦插电式混合动力汽车在不同模式下的工作原理。

# 第3章

# 纯电动汽车技术

## 学习目标

(1) 熟悉电动汽车的组成和工作原理。

(2) 了解纯电动汽车驱动系统布置形式。

(3) 熟悉电动车高压电系统的组成。

(4) 了解高压配电箱的结构及工作原理。

(5) 熟悉逆变器的结构与原理。

(6) 掌握变频器的结构与原理。

## 问题导入

由于纯电动汽车具有零排放、不依赖石油、耗电低、操作维修简便等优点,世界主要汽车公司和专业电动汽车生产集团都在研发和生产纯电动汽车。同时,消费者对纯电动汽车的了解和接受程度也越来越高。今后电动汽车的发展方向将是以电池、电机及整车等技术为着力点,提高其可靠性、动力性和续驶里程,降低成本,加强充电基础设施的规划,加快电动汽车智能充换电服务网络建设。那么,电动汽车是如何把电能转化为机械能驱动车辆前进的呢?下面我们带着疑问一起进入纯电动汽车的学习。

## 3.1 纯电动汽车组成与工作原理

纯电动汽车是指驱动能量完全由电能提供的、由电机驱动的汽车。

纯电动汽车的结构主要由电力驱动控制系统、汽车底盘、车身以及各种辅助装置等部分组成。除了电力驱动控制系统,其他部分的功能及其结构组成基本与传统汽车类同,不过有些部件根据所选的驱动方式不同,已被简化或省去了。纯电动汽车的组成结构如图 3-1 所示。

当汽车行驶时,由蓄电池输出电能(电流)通过控制器驱动电动机运转,电动机输出的转矩经传动系统带动车轮前进或后退。电动汽车续驶里程与蓄电池容量有关,蓄电池容量受

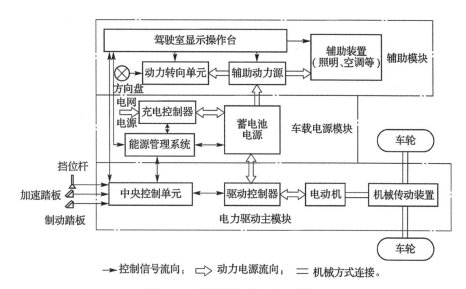

图 3-1 典型纯电动汽车组成框图

诸多因素限制。要提高一次充电续驶里程,必须尽可能地节省蓄电池的能量。

### 3.1.1 电力驱动系统

电力驱动系统主要包括电子控制器、功率转换器、电动机、传感器、机械传动装置和车轮等,如图 3-2 所示。它的功用是将存储在蓄电池中的电能高效地转化为车轮的动能,并能够在汽车减速制动时,将车轮的动能转化为电能充入蓄电池。

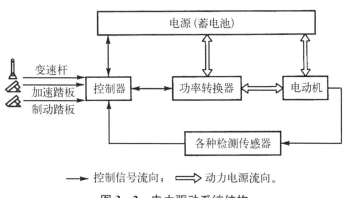

图 3-2 电力驱动系统结构

电动汽车应用较多的电机有直流电机和交流电机两大类。电动汽车的驱动系统采用直流电机时,虽然在结构上有许多独到之处,如不需要离合器、变速器,并具有起步加速牵引力大、控制系统较简单等优点,但它的整个动力传动系统效率低,所以逐渐被其他驱动类型的电机替代。电动汽车使用的交流电机驱动系统突出的优点是体积小、质量轻、效率高、调速范围宽和基本免维护等,但其制造成本较高。随着电力电子技术的进一步发展,成本将随之降低,采用这类驱动系统的电动汽车将具有强大的生命力。电机不同,控制器也有所不同。控制器将蓄电池直流电逆变成交流电后驱动交流电机,电机输出的转矩经传动系统驱动车轮,使电动汽车行驶。

电力驱动控制系统按工作原理可划分为车载电源模块、电力驱动主模块和辅助模块三大部分。

1. 车载电源模块

车载电源模块主要由蓄电池电源、能源管理系统和充电控制器三部分组成,如图 3 - 3 所示。

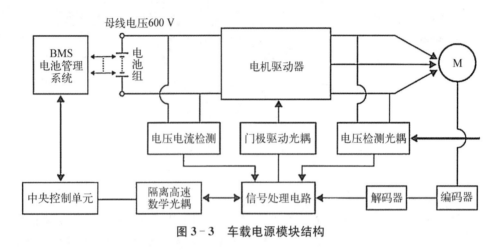

图 3 - 3　车载电源模块结构

(1) 蓄电池电源。蓄电池是纯电动汽车的唯一能源,它除了供给汽车驱动行驶所需的电能外,也是供应汽车上各种辅助装置的工作电源。

(2) 能源管理系统。能源管理系统的主要功能是在汽车行驶中进行能源分配,协调各功能部分工作的能量管理,使有限的能量源最大限度地得到利用。能源管理系统与电力驱动主模块的中央控制单元配合在一起控制发电回馈,使纯电动汽车在降速制动和下坡滑行时进行能量回收,从而更有效地利用能源,提高纯电动汽车的续程能力。能源管理系统还须与充电控制器一同控制充电。为提高蓄电池性能的稳定性和延长使用寿命,需要实时监控电源的使用情况,对蓄电池的温度、电解液浓度、蓄电池内阻、电池端电压、当前电池剩余电量、放电时间、放电电流或放电深度等蓄电池状态参数进行检测,并按蓄电池对环境温度的要求进行调温控制,通过限流控制避免蓄电池过充、放电,对有关参数进行显示和报警,其信号流向辅助模块的驾驶室显示操纵台,以便驾驶员随时掌握并配合其操作,按需要及时对蓄电池充电并进行维护保养。

(3) 充电控制器。充电控制器是把电网供电制式转换为对蓄电池充电要求的制式,即把交流电转换为相应电压的直流电,并按要求控制其充电电流。充电器开始时为恒流充电阶段,当电池电压上升到一定值时,充电器进入恒压充电阶段,输出电压维持在相应值。充电器进入恒压充电阶段后,电流逐渐减小。当充电电流减小到一定值时,充电器进入涓流充电阶段。还有采用脉冲式电流进行快速充电的方式。

#### 2. 电力驱动主模块

电力驱动主模块主要由中央控制单元、驱动控制器、电动机、机械传动装置等组成,如图 3-4 所示。对于汽车驾驶员来说,加速踏板、制动踏板等操纵装置是十分熟悉和习惯使用的操纵装置,所以为适应驾驶员的传统操纵习惯,电动汽车仍保留了加速踏板、制动踏板及有关操纵手柄或按钮等。不过在纯电动汽车上是将加速踏板、制动踏板的机械位移量转换为相应的电信号,输入中央控制单元来对汽车的行驶实行控制。对于离合器,除了传统的驱动模式采用外,其他的驱动结构就都省去了。而对于挡位变速杆,为遵循驾驶员的传统习惯,一般仍需保留,有前进、空挡、倒退三个挡位,并且以开关信号传输到中央控制单元来对汽车进行前进、停车、倒车控制。

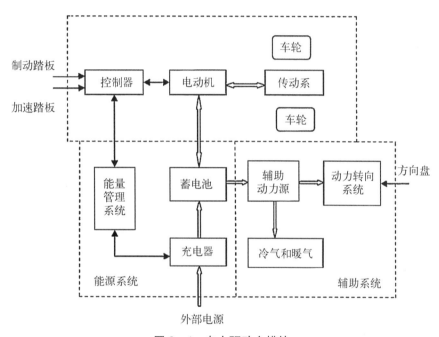

**图 3-4　电力驱动主模块**

(1) 中央控制单元。中央控制单元不仅是电力驱动主模块的控制中心,还要对整辆电动汽车的控制起到协调作用。它根据加速踏板与制动踏板的输入信号向驱动控制器发出相应的控制指令,对电动机进行启动、加速、降速、制动控制。在电动汽车降速和下坡滑行时,中央控制器配合车载电源模块的能源管理系统进行发电回馈,即向蓄电池反向充电。对于与汽车行驶状况有关的速度、功率、电压信息还需传输到辅助模块加以显示。另外,如驱动采用轮毂电动机分散驱动方式,当汽车转弯时,中央控制器也需与辅助模块的动力硬件连线,提高可靠性。现代汽车控制系统已较多地采用了计算机多 CPU 总线控制方式,特别是对于采用轮毂电动机进行四轮驱动(4WD)控制的模式,更需要运用总线控制技术来简化纯电动汽车内部线路的布局,提高其可靠性,也便于故障诊断和维修。并且采用该模块化结构,一旦技术成熟其成本也将随批量的增加而大幅下降。

（2）驱动控制器。驱动控制器的功能是按中央控制单元的指令和电动机的速度、电流反馈信号,对电动机的速度、驱动转矩和旋转方向进行控制。驱动控制器与电动机必须配套使用。目前对电机的调速主要采用调压、调频等方式,这主要取决于所选用的驱动电机类型。由于蓄电池以直流电方式供电,所以对直流电动机主要是通过 DC/DC 转换器进行调压调速控制的;而对于交流电动机需通过 DC/AC 转换器进行调频调压矢量控制;对于磁阻电动机是通过控制其脉冲频率来进行调速的。当汽车进行倒车行驶时,需通过驱动控制器使电动机反转来驱动车轮反向行驶。当纯电动汽车处于降速和下坡滑行时,驱动控制器使电动机运行于发电状态,电动机利用其惯性发电,将电能通过驱动控制器回馈给蓄电池。

（3）电动机。电动机在电动汽车中承担着电动和发电的双重功能,即在正常行驶时发挥其主要的电动机功能,将电能转化为机械旋转能;而在降速和下坡滑行时又要进行发电,将车轮的惯性动能转换为电能。电动机与驱动控制器所组成的驱动系统是电动汽车中最为关键的部件,电动汽车的运行性能主要取决于驱动系统的类型和性能,它直接影响着车辆的各项性能指标。

（4）机械传动装置。电动汽车传动装置的作用是将电动机的驱动转矩传输给汽车的驱动轴,从而带动汽车车轮行驶。由于电机本身就具有较好的调速特性,因而其变速结构可被大大简化,较多的是为放大电机的输出转矩仅采用一种固定的减速装置。因为电动机可带负载直接启动,所以可以省去传统内燃机汽车的离合器。同时,由于电动机可以容易地实现正反向旋转,所以也无须通过变速器中的倒挡齿轮组来实现倒车。

3. 辅助模块

辅助模块包括辅助动力源、动力转向单元、驾驶室显示操纵台和各种辅助装置等。各个装置的功能与传统汽车上的基本类同,如动力转向、制动力调节控制、照明、电动窗门、音响等各种辅助装置;与传统汽车有所区别的如空调、制动助力装置等,主要结构功能如表 3-1 所示。

表 3-1　电动汽车辅助系统主要结构功能

| 结构名称 | 主 要 功 能 |
| --- | --- |
| 电动空调 | 通过电动压缩机满足用户制冷要求,通过 PTC 满足系统取暖、除霜、除雾要求。通过操纵仪表台相关按钮或旋钮即可实现。但是当动力电池电量较低时,优先考虑车辆动力性需求,强制关闭空调系统以节约电力供车辆驱动。 |
| 电动助力转向 | 通过电动转向可以解决转向困难的问题,驾驶员无须手动控制,系统自动完成。 |
| 电动真空助力 | 通过电动真空泵的作用,解决了由于取消发动机引起的制动踏板过硬的感觉。电动真空泵位于车辆驾驶员侧的前舱内部,当驾驶员踩下制动踏板时,系统根据制动压力值自动控制泵的打开与关闭。 |

### 3.1.2　电动汽车底盘

汽车底盘是整个汽车的基体,不仅起着支承蓄电池、电动机、驱动控制器、汽车车身、空调及各种辅助装置的作用,同时也将电动机的动力进行传递和分配,并按驾驶员的意志(加速、减速、转向、制动等)行驶,如图 3-5 所示。

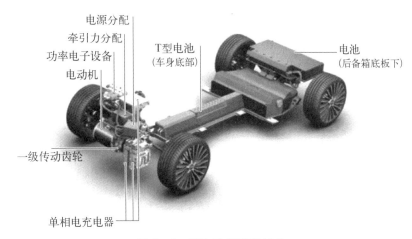

图 3-5　某电动车底盘结构

对于纯电动汽车,其传动系统根据所选驱动方式的不同,不少被简化或省掉了。行驶系统包括车桥、车架、悬架、车轮和轮胎,其中车桥在轮毂电机驱动时即可省去;车架是整个汽车的装配基体,其作用主要是支撑连接汽车的各零部件,承受来自车内和车外的各种载荷;悬架是车架(或车身)与车轮(或车桥)之间的一切传力连接装置的总称,主要由弹性元件、减震器和导向机构等组成,它与充气轮胎一起缓和不平路面对车辆的冲击震动;车轮主要由轮辋、轮辐等组成,其内部还需要安装制动器,且可能要安装轮毂电机,所以结构会很紧凑;为减小电动汽车行驶时的滚动阻力,轮胎要求采用子午线轮胎。

### 3.1.3　纯电动汽车的工作原理

纯电动汽车是由蓄电池的能量使电动机驱动车轮前进,如图 3-6 所示。动力电池组输出电流到高压配电盒、电机控制器,由电动机提供扭矩,经传动装置后,驱动车轮实现车辆的行驶。

动力电池电流经过 DC/DC 转换器后转变为低压电给辅助电源充电,解决了辅助电源充电的问题。辅助电源是供给电动汽车其他各种辅助装置所需的动力电源,一般为 12 V 或 24 V 的直流低压电源,它主要给动力转向、制动力调节控制、照明、空调、电动窗门等各种辅助装置提供所需的能源。

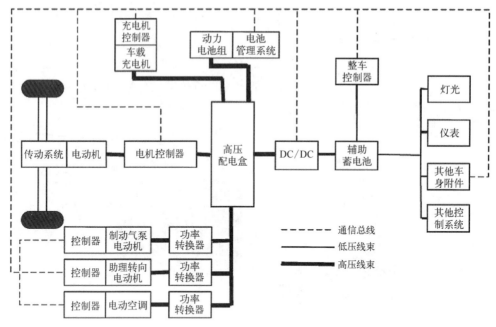

图 3-6  纯电动汽车工作原理示意图

## 3.2  纯电动汽车驱动系统布置形式

电动汽车的驱动系统是电动汽车的核心部分,其性能决定着电动汽车运行性能的好坏。电动汽车的驱动系统布置取决于电动机驱动系统的方式,可以多种多样。

### 3.2.1  传统的驱动模式

早期的纯电动汽车多是在传统汽车的基础上改装的,利用驱动电机代替内燃机,离合器、变速器和差速器的布置形式与传统内燃机车辆的布置形式一致。如图 3-7 所示,与传

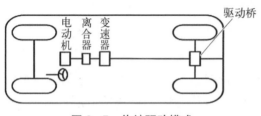

图 3-7  传统驱动模式

统汽车驱动系统的布置方式一致,带有变速器和离合器,只是将发动机换成电动机,属于改造型电动汽车。这种布置可以提高电动汽车的启动转矩,增加低速时电动汽车的后备功率。如东南菱悦 V3-EV 手动挡汽车的驱动系统。

### 3.2.2  整体驱动形式

整体驱动形式取消了离合器和变速器,但具有减速差速机构,由 1 台电动机驱动两车轮旋转(见图 3-8)。优点是可以继续沿用当前发动机汽车中的动力传动装置,只需要一组电

动机和逆变器。但是这样的布置形式要求有低速大转矩、速度变化范围大的电动机,如丰田汽车公司的 RAV4 - EV 电动汽车。

图 3 - 8　整体驱动形式

图 3 - 9　电动机轴与驱动轴平行

### 3.2.3　电动机-驱动桥组合式驱动模式

如图 3 - 9 所示,这种方式对电动机的要求较高,不仅要求电动机具有较高的启动转矩,而且要求具有较大的后备功率,以保证电动汽车的启动、爬坡、加速超车等动力性。

### 3.2.4　电动机-驱动桥整体式驱动模式

图 3 - 10 是将电动机装到驱动轴上,直接由电动机实现变速和差速转换。这种传动方式同样对电动机有较高的要求,大启动转矩和后备功率不仅要求控制系统有较高的控制精度,而且要具备良好的可靠性,从而保证电动汽车行驶的安全、平稳。

图 3 - 10　双电机整体驱动桥

图 3 - 11　轮毂电动机驱动模式

### 3.2.5　轮毂电动机驱动模式

图 3 - 11 是将电动机直接装到了驱动轮上,由电动机直接驱动车轮行驶。轮毂驱动系统具有结构紧凑、质量小、传动效率高等优点,从而增加了纯电动汽车的动力性及续驶里程等。轮毂驱动无差速器的传动形式,减速器依然保留,每个牵引电动机单独完成一侧车轮的驱动任务。在车辆进行曲线行驶时,两侧的电动机分别在不同的转速下工作。

## 3.3　高压系统的组成

在电动汽车上,整车带有高压电的零部件有动力电池、驱动电机、高压配电箱(PDU)、电动压缩机、DC/DC、OBC、PTC、高压线束等。这些部件组成了整车的高压系统,其中动力电池、驱动电机、高压控制系统为纯电动汽车上的三大核心部件。

### 3.3.1　动力电池

电池是电动汽车的动力源，是能量的存储装置，如图 3-12 所示，也是目前制约电动汽车发展的关键因素。要使电动汽车能与燃油汽车相竞争，关键是开发出比能量高、比功率大、使用寿命长、成本低的电池。

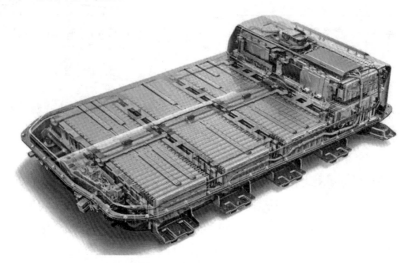

**图 3-12　纯电动汽车动力电池**

新能源汽车动力电池的主要类型有锂离子电池、镍氢电池、燃料电池、铅酸电池和钠硫电池。

锂离子动力电池具有以下优点：工作电压高；更大的比能量；体积小；重量轻；周期长；自放电率低；无记忆效应；没有污染等。

镍氢电池：镍氢电池的能量密度比镍镉电池高出 30% 以上，能够提供更长的使用时间。同时，镍氢电池不含有汞、铅等有害物质，不会对环境造成污染，符合环保要求。镍氢电池的内部结构采用了多层保护措施，能够有效防止短路、过充、过放等安全问题。

燃料电池：直接将化学能转化为电能的装置。其正极为氧电极，负极为氢或碳氢化合物或乙醇等燃料电极。

铅酸电池：广泛用作内燃机车的启动电源。可靠性好，原料易得，价格低廉；比功率基本能满足电动汽车的功率要求。

钠硫电池：钠硫电池可以大电流大功率放电。瞬时时间可释放其固有能量的 3 倍，充放电效率高。

### 3.3.2　驱动电机

驱动电机是电动汽车驱动系统的核心部件，如图 3-13 所示，是车辆行驶的主要执行机构，其特性决定了车辆的主要性能指标，直接影响车辆动力性、经济性和舒适性。它是把电能转换为机械能的一种设备。它利用励磁线圈，产生旋转磁场形成磁电动力旋转力矩。导线在磁场中受力的作用,使电机输出转矩。

图 3-13　纯电动汽车的驱动电机

　　驱动电机、电控系统、动力电池是电动汽车的核心部分,称为"三电"。在电动汽车上,驱动电机替代了传统汽车上的发动机和发电机,传统汽车通常是把化学能转换为机械能驱动车辆行驶,而驱动电机既可以将电能转换为机械能驱动汽车行驶,也可以作为发电机将机械能转换为电能,并存储在动力电池内。

　　电机控制器将动力电池的高压直流电变换为驱动电机的高压三相交流电,使其产生力矩,并通过传动装置将驱动电机的旋转运动传递给车轮,驱动汽车行驶。

### 3.3.3　电动压缩机

　　自从新能源汽车崛起,汽车空调压缩机也跟着发生了巨大的变化:取消了前端的驱动轮,增加了驱动电机和单独的控制模块。其中驱动电机采用具有体积小、质量轻、效率高等优点的三相永磁同步电机。如图 3-14 所示。

图 3-14　纯电动汽车空调压缩机

但因电动汽车中使用的是直流电池,想要驱动电机正常稳定的工作,必须借助控制模块(变频器)将直流电转化为交流电,即通过控制模块中电压控制器件,按照一定的规律轮流加上占空比脉冲调制控制电压。

当直流高压电流经过变频器后,在输出端形成三相正弦交流电流,保证三相永磁同步电机平稳运转的同时,产生足够的转矩以驱动压缩机运转。

### 3.3.4 PTC

PTC 是 positive temperature coefficient 的缩写,泛指正温度系数很大的半导体材料或元器件,电动汽车上的 PTC 指的是热敏电阻,是一种具有温度敏感性的半导体电阻,当有电流经过时会产生热量,同时它的电阻值也会随着温度的升高而升高。如图 3-15 所示。

图 3-15 纯电动汽车 PTC 加热器

PTC 的作用是可以加热的,像空调暖风、玻璃除雾除霜,其热量来源于 PTC 热敏电阻,主要的工作原理就是 PTC 热敏电阻通电后发热,鼓风机将车内的空气循环起来并通过 PTC 热敏电阻进行加热,这样空调吹出来的风就会是热的。

由于电动汽车没有发动机也就没有热源,所以就需要安装 PTC 热敏电阻来充当热源,当 PTC 通电后可以很快地升温,而不像传统燃油车一样,需要等发动机运转一段时间后慢慢升温,也就是说,纯电车 PTC 暖风空调的加热速度更快。

用于电动汽车暖风加热系统的 PTC 热敏电阻,其原材料主要是陶瓷,通过特殊工艺烧制成半导体电阻。凭借结构简单、成本低、加热快的优点,目前 PTC 热敏电阻广泛应用于纯电汽车上。

但是 PTC 最大的缺点就是费电,以蔚来 ES8 为例,车上的两个 PTC 的功率总和为 9.2 千瓦,如果两个 PTC 以额定功率进行加热,那么一个小时就要消耗 9.2 度电,如果车辆搭载的是一块 70 度的动力电池包,那么一个小时就消耗了大约 13% 的电量,对于一台纯电汽车来说,这样的耗电量还是比较惊人的。

### 3.3.5　高压线束

纯电动汽车由动力电池提供电量给电机,进而驱动车辆行驶。动力电池的输出电压大部分都在 DC72V 至 600 V 之间,甚至更高。根据 GB/T 3805—2008《特低电压(ELV)限值》的要求,人体的安全电压一般是指不致人直接死亡或者致残的电压,一般环境条件下允许持续接触的"安全特低电压"是 DC36V。电动汽车动力电池输出的直流电压区间已经远远超过了该安全电压。因此,国家的电动汽车安全要求标准对人员的触电防护提出了明确的要求,其中包括对绝缘电阻值的最低要求。根据 GB/T 18384.3—2015《电动汽车安全要求》第三部分:人员触电防护第 6.7.1 条规定,在最大工作电压下,直流电路绝缘电阻的最小值应至少大于 100 Ω/V,交流电路应至少大于 500 Ω/V。

以北汽 EV160 纯电动汽车高压系统简图为例,如图 3 - 16 所示。

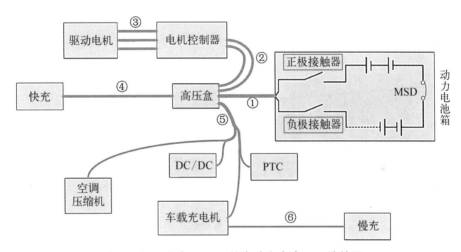

图 3 - 16　北汽 EV160 纯电动汽车高压系统简图

由图 3 - 16 可知,纯电动汽车高压部件有动力电池箱(内含有高压正、负极接触器)、高压控制盒、电机控制器、驱动电机、快充口、慢充口以及 4 个高压附件(电动空调压缩机、DC/DC 转换器、空调 PTC 加热器、车载充电机)。连接这些高压部件的高压线束共有 6 段。

第 1 段,动力电池高压线束:连接动力电池与高压控制盒,为高压主供电线束,如图 3 - 17 所示,接高压盒的插头 A 端子为高压负极,B 端子为高压正极;接动力电池的 1 端子为高压负极,2 端子为高压正极。

第 2 段,电机控制器高压线束:连接高压控制盒与电机控制器,为主用电线束,如图 3 - 18 所示,接高压盒的插头 A 端子为高压负极,B 端子为高压正极;线束另一端的两个插头分别接在电机控制器的高压直流输入正、负极上。

第 3 段,驱动电机高压线束:连接电机控制器与驱动电机,为 U、V、W 三相线束,如图 3 - 19 所示,黄色为 U 相,绿色为 V 相,红色为 W 相。

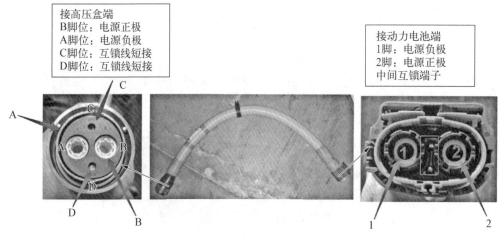

接高压盒端
B脚位：电源正极
A脚位：电源负极
C脚位：互锁线短接
D脚位：互锁线短接

接动力电池端
1脚：电源负极
2脚：电源正极
中间互锁端子

图3‑17　动力电池高压线束

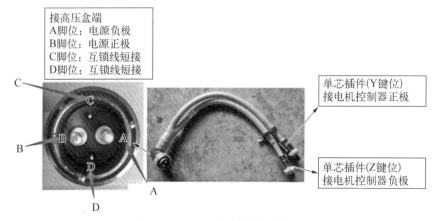

接高压盒端
A脚位：电源负极
B脚位：电源正极
C脚位：互锁线短接
D脚位：互锁线短接

单芯插件(Y键位)
接电机控制器正极

单芯插件(Z键位)
接电机控制器负极

图3‑18　电机控制器高压线束

图3‑19　驱动电机高压线束

第4段,快充线束：连接快充口与高压控制盒,如图3‑20所示,接高压控制盒的插头1端子为高压负极,2端子为高压正极。快充口如图3‑20所示。

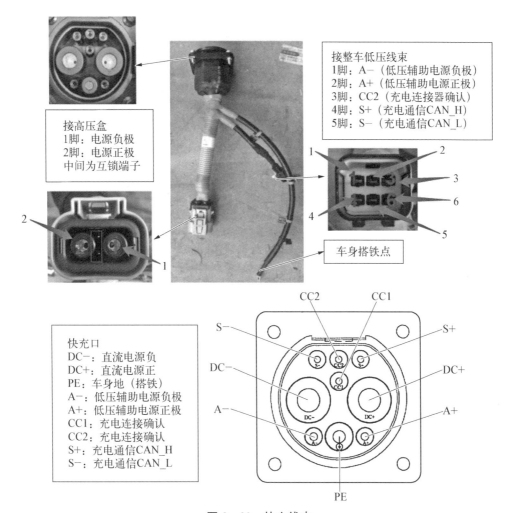

接高压盒
1脚：电源负极
2脚：电源正极
中间为互锁端子

接整车低压线束
1脚：A-（低压辅助电源负极）
2脚：A+（低压辅助电源正极）
3脚：CC2（充电连接器确认）
4脚：S+（充电通信CAN_H）
5脚：S-（充电通信CAN_L）

车身搭铁点

快充口
DC-：直流电源负
DC+：直流电源正
PE：车身地（搭铁）
A-：低压辅助电源负极
A+：低压辅助电源正极
CC1：充电连接确认
CC2：充电连接确认
S+：充电通信CAN_H
S-：充电通信CAN_L

图 3-20 快充线束

第 5 段，高压辅助插件（总成）：连接高压控制盒到电动空调压缩机、DC/DC 转换器、空调 PTC 加热器、车载充电机，如图 3-21 所示。图中各字母为高压附件线束高压控制盒端插头的端子定义，各高压辅助插件插头端子定义详见维修手册。

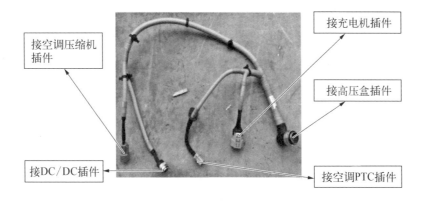

接空调压缩机
插件

接充电机插件

接高压盒插件

接DC/DC插件

接空调PTC插件

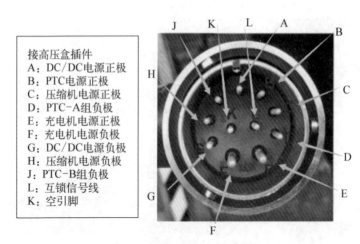

接高压盒插件
A：DC/DC电源正极
B：PTC电源正极
C：压缩机电源正极
D：PTC-A组负极
E：充电机电源正极
F：充电机电源负极
G：DC/DC电源负极
H：压缩机电源负极
J：PTC-B组负极
L：互锁信号线
K：空引脚

图3-21　高压辅助插件(总成)

第6段,慢充线束：连接慢充口与车载充电机,即接车载充电机的插头1端子为L(220 V交流电源),2端子为N(220 V交流电源),如图3-22所示。

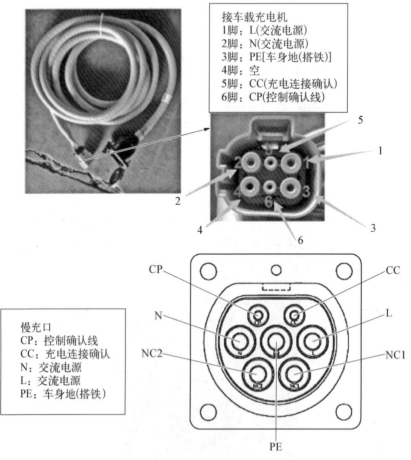

接车载充电机
1脚：L(交流电源)
2脚：N(交流电源)
3脚：PE[车身地(搭铁)]
4脚：空
5脚：CC(充电连接确认)
6脚：CP(控制确认线)

慢充口
CP：控制确认线
CC：充电连接确认
N：交流电源
L：交流电源
PE：车身地(搭铁)

图3-22　慢充线束

## 3.4　高压配电箱

高压配电箱是把高压控制盒、电机控制器、DC/DC 转换器、车载充电机装在一起的配电箱,简称四合一配电箱。

### 3.4.1　配电系统功能

高压配电箱总成的主要功能是通过对接触器的控制来实现将高压电池的高压直流电供给整车高压电器,以及接收车载充电器或非车载充电器的直流电来给高压电池充电,并采用集中配电方案,结构设计紧凑、接线布局方便、检修方便快捷。根据不同客户的系统架构需求,高压配电盒还可以集成部分电池管理系统的智能控制管理单元,从而更进一步简化整车系统架构配电的复杂度。

电动汽车高压配电箱的作用如下:

(1) 采用铸铝外壳和接插件,防护等级达到 IP67。

(2) 具有电流、电压采集功能。

(3) 对高压连接状态、绝缘状态进行实时监控。

(4) 对高压安全进行管理,有过流、过压、过温保护功能。

(5) 可以对高压配电进行管理,实现对各路输出分别控制。

(6) 在车辆发生碰撞和翻车时,有切断高压的功能。

(7) 具备 CAN 通信功能,实时交换数据。

(8) 其他辅助检测功能,如电流检测、漏电检测。

### 3.4.2　配电箱总成外部结构

比亚迪 e5 四合一控制器如图 3-23 所示。

**图 3-23　比亚迪 e5 四合一控制器**

　　高压电控总成内含电机控制器、高压配电箱、DC/DC转换器、车载充电机（附漏电保护模块）。

　　高压电控总成的主要功能是：直流充电升压功能；CAN通信、故障处理纪录、在线CAN烧写以及自检等功能；实现高压直流电转化低压直流电，为整车低压电器系统供电（DC/DC）；实现整车高压回路配电功能以及高压漏电检测功能（高压配电箱、漏电传感器模块）；控制高压交/直流电双向逆变，驱动电机运转，实现充、放电功能（VTOG、车载充电器）。

　　外形特征介绍：

　　（1）铝合金，散热好、轻量化。

　　（2）水冷。

　　（3）双层设计，采用螺栓连接。

　　功能特征：

　　（1）集成度更高。

　　（2）节省成本。

　　（3）有利于系统之间的信息共享。

　　（4）有利于部件布局与设计。

　　比亚迪e5四合一控制器的正视面如图3-24所示，由上盖、上层和下层所组成。包含交流充电插接口、驱动电机电源接口、冷却水管、直流充电插接口。

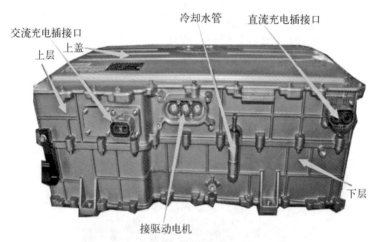

图3-24　比亚迪e5四合一控制器正视图

　　比亚迪e5四合一控制器的后视面如图3-25所示，包含低压接插件、压缩机电源接口、动力电池接口、空调加热PTC接口、电池加热接口以及附加在控制器后面的电池管理控制器。

　　比亚迪e5四合一控制器右侧介绍如图3-26所示，包含高压保险（见图3-27）和DC直流输出（直接接继电器盒保险——车载12 V蓄电池）。

　　DC直流输出14 V，为低压电源供电。高压保险盖下装有两个熔断器，为空调压缩机与PTC供电。

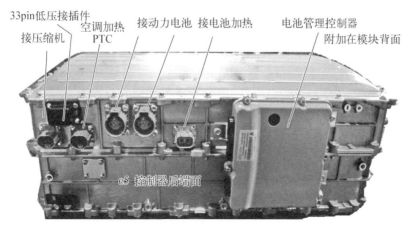

33pin低压接插件
接压缩机
空调加热PTC
接动力电池　接电池加热
电池管理控制器
附加在模块背面

e5 控制器后端面

图 3－25　比亚迪 e5 四合一控制器后视图

高压保险

DC直流输出

DC直流输出

图 3－26　比亚迪 e5 四合一控制器右侧图

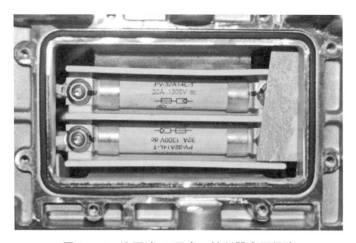

图 3－27　比亚迪 e5 四合一控制器高压保险

### 3.4.3　配电箱总成内部结构

比亚迪 e5 四合一控制器内部结构包含 DC/DC 区、VTOG 控制区、高压配电区，如图 3-28 所示。

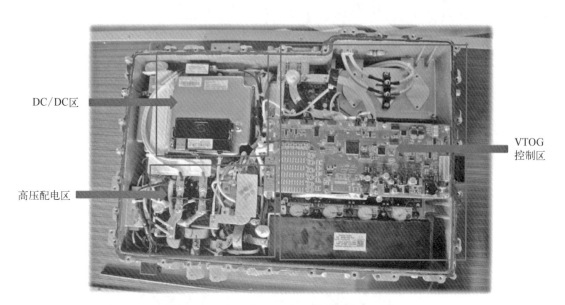

图 3-28　比亚迪 e5 四合一控制器内部结构

DC/DC 区包含 DC/DC 转换器和漏电传感器；VTOG 控制区包含电容、电机控制板和驱动板；高压配电区包含放电主接触器、直流充电接触器和预充继电器，如图 3-29 所示。

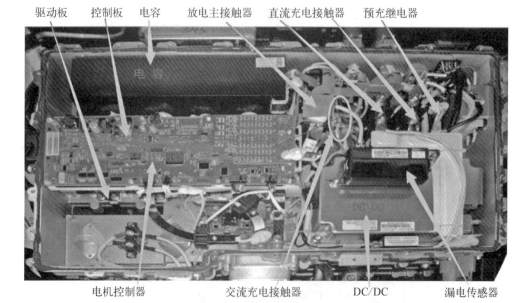

图 3-29　比亚迪 e5 四合一控制器内部的上层结构图

比亚迪 e5 四合一控制器内部下层：包含车载充电机、直流充电滤波电容、直流滤波电感，如图 3 - 30 所示。

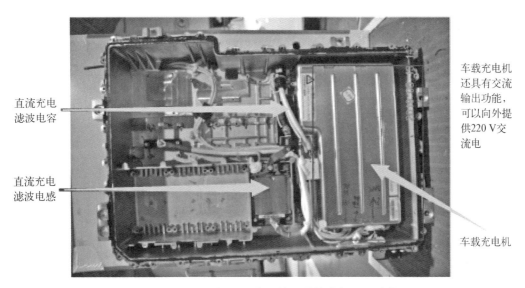

直流充电滤波电容

直流充电滤波电感

车载充电机还具有交流输出功能，可以向外提供220 V交流电

车载充电机

图 3 - 30 比亚迪 e5 四合一控制器的内部下层结构

### 3.4.4 比亚迪 e5 轿车充电控制

1. 快充

如图 3 - 31 所示，BMS确认充电枪连接正常（Ucc1 电压有效），充电桩提供 12 V 直

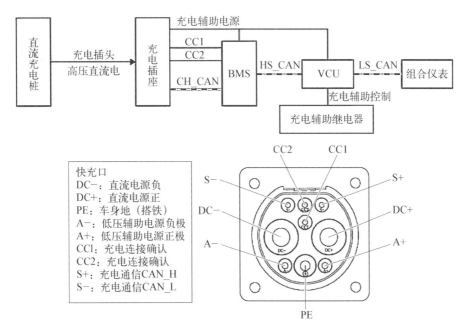

图 3 - 31 比亚迪 e5 轿车快充示意图

流电（A＋，A－），BMS 和 VCU 得电被唤醒。BMS 确定 $U_{cc2}$ 信号有效，向 VCU 发出"充电请求"，确定后（点火开关 OFF）VCU 发出"充电允许信号"，BMS 闭合充电接触器和主负接触器。充电桩经过 3 个继电器向动力电池充电。VCU 从 CAN 线上接收到 CC2 连接信号后闭合充电辅助电源继电器，提供充电过程中低压电路的电能，并在蓄电池电量低时，给蓄电池充电。BMS 与直流充电桩通信，控制充电电流和充电电压。BMS 与 VCU（组合仪表）通信，仪表显示充电信息。比亚迪 e5 轿车充电系统电路图如图 3－32 所示。

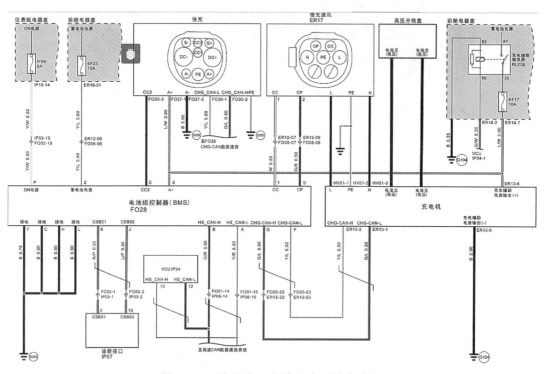

图 3－32　比亚迪 e5 轿车充电系统电路图

2. 慢充

如图 3－33 所示，BMS 确认充电枪连接正常（CC 与地电阻正常，充电桩端 0 Ω，车辆端 680 Ω/220 Ω），唤醒 BMS，BMS 闭合充电接触器和主负接触器。CP 电压有效，交流充电枪中供电控制装置闭合内部接触器，输出 220 V AC 电压给车载充电机。车载充电机得电工作，自检正常后输出（通过 DC/DC）辅助供电 12 V DC。整车控制器得电激活，整车控制器从 CAN 线上接收到 CC 连接信号后闭合充电辅助电源继电器，提供充电过程中低压电路的电能，并在蓄电池电量低时，给蓄电池充电。BMS 与车载充电机通信，控制充电电流和充电电压。BMS 与 VCU（组合仪表）通信，仪表显示充电信息。

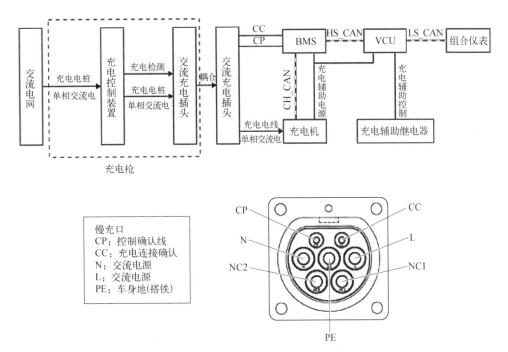

图 3-33　比亚迪 e5 轿车慢充示意图

## 3.5　逆变器与变频器

### 3.5.1　逆变器

逆变器由逆变桥、控制逻辑和滤波电路组成。简单地说,逆变器就是一种将高压直流转换成低压直流,或者高压直流与交流的互相转化,来满足汽车上各种电气设备供电的电子设备。纯电动汽车逆变器分为 DC/DC 直流降压逆变器、DC/AC 直流变交流逆变器、AC/DC 交流变直流逆变器。

DC/DC 直流降压逆变器:将动力电池高压直流电逆变成低压直流电给辅助低压电池充电,同时给车载低压电器供电。

DC/AC 直流变交流逆变器:将动力电池高压直流电逆变成三相交流电给三相驱动电机供电。

AC/DC 交流变直流逆变器:车载充电机将交流电逆变成直流电给动力电池充电,汽车制动过程中,回馈制动所产生的交流电逆变成直流电给动力电池充电。

逆变器其实是一种变压器,就是一种电压逆变的过程。如图 3-34 所示。

1. 逆变器工作原理

逆变是将直流电转换为交流电的过程。

无源逆变——把直流电逆变为某一频率的交流电供给负载。

有源逆变——把直流电逆变为交流电反送到电网(或交流源)。

图 3-34　逆变器

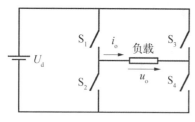

图 3-35　桥式电路

主要供各种直流电源的能源使用,如蓄电池、干电池、太阳能电池等;作为交流电机调速用变频器、不间断电源、感应加热电源等电力电子装置的核心部分。

由 $S_1$～$S_4$ 构成桥式电路;$S_1$、$S_2$ 构成一个桥臂,$S_3$、$S_4$ 构成另一个桥臂,形成两桥臂结构;桥式电路具有降压特性,如图 3-35 所示。

两桥臂结构逆变电路工作原理如图 3-36 所示。同一桥臂的两个开关管不能同时导通;改变开关切换周期,可改变输出交流电频率;电阻负载时,负载电流 $i_o$ 和 $u_o$ 的波形相同,相位也相同;阻感负载时,$i_o$ 相位滞后于 $u_o$,波形也不同。

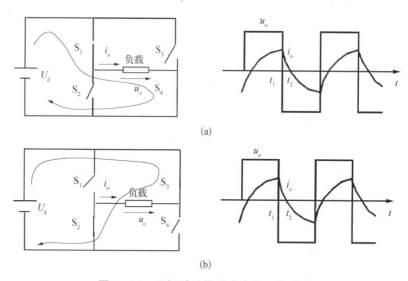

图 3-36　两桥臂结构逆变电路工作原理

(a) $S_1$、$S_4$ 闭合,$S_2$、$S_3$ 断开时电路和波形图;(b) $S_2$、$S_3$ 闭合,$S_1$、$S_4$ 断开时电路和波形图

**2. 逆变电路的分类**

直流侧是电压源的电压型逆变电路,又称为电压源型逆变电路。

直流侧是电流源的电流型逆变电路,又称为电流源型逆变电路。

电压型逆变电路的特点：直流侧为电压源或并联大电容，直流侧电压基本无脉动；输出电压为矩形波，输出电流因负载阻抗不同而不同；为了给交流侧向直流侧反馈的无功能量提供通道，逆变桥各臂并联反馈二极管。如图 3-37 所示。

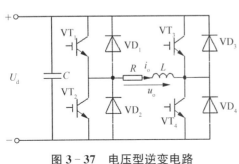

图 3-37　电压型逆变电路　　　　　图 3-38　半桥逆变电路

**3. 半桥逆变电路**

半桥逆变电路结构电路简单，使用器件少；输出交流电压幅值为 $U$，且直流侧需两电容器串联，要控制两者电压均衡。如图 3-38 所示。

应用：用于几 kW 以下的小功率逆变电源。单相全桥、三相桥式都可看成若干个半桥逆变电路的组合。

半桥逆变电路工作原理：$VT_1$ 和 $VT_2$ 栅极信号在一周期内各半周正偏、半周反偏，两者互补，输出电压 $u_o$ 为矩形波，幅值为 $U_m = U_d/2$；$VT_1$ 或 $VT_2$ 通时，$i_o$ 和 $u_o$ 同方向，直流侧向负载提供能量；$VD_1$ 或 $VD_2$ 通时，$i_o$ 和 $u_o$ 反向，电感中贮能向直流侧反馈；$VD_1$、$VD_2$ 称为反馈二极管，它又起着使负载电流连续的作用，又称续流二极管。如图 3-39 所示。

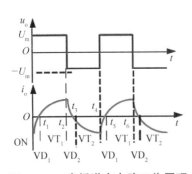
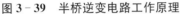
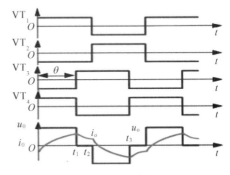

图 3-39　半桥逆变电路工作原理　　　图 3-40　全桥逆变电路工作原理

**4. 全桥逆变电路**

四个开关管和四个续流二极管构成两个桥臂，可看成两个半桥电路的组合；输出电压和电流波形与半桥电路形状相同，幅值高出一倍；单相逆变中应用广泛。

全桥逆变电路工作原理：同一桥臂两个开关器件不能同时导通；$VT_3$ 的基极信号与 $VT_4$ 相差 $\theta(0° < \theta < 180°)$，$VT_3$、$VT_4$ 的栅极信号分别比 $VT_2$、$VT_1$ 的前移 $180° - \theta$；输出电压是正负各为 $\theta$ 宽度的脉冲；改变 $\theta$ 就可调节输出电压。如图 3-40 所示。

### 3.5.2　变频器

变频器是将固定电压、固定频率的交流电变换为可调电压、可调频率的交流电的装置。

变频器的问世为交流电机的调速提供了契机,不仅要取代结构复杂、价格昂贵的直流电机调速,而且能节省大量能源。电力电子的基片已从硅(Si)变换为碳化硅(SiC)进入高电压大容量化、高频化、组件模块化、微小型化、智能化和低成本化,多种适宜变频调速的新型电机正在开发研制之中。IT 技术的迅猛发展,以及控制理论的不断创新,这些与变频器相关的技术将影响其发展的趋势。

**图 3-41　变频器**

变频器是应用变频技术与微电子技术,通过改变电机工作电源频率方式来控制交流电动机的电力控制设备。变频器主要由整流(交流变直流)、滤波、逆变(直流变交流)、制动单元、驱动单元、检测单元、微处理单元等组成,实物如图 3-41 所示。

1. 变频器的分类

变频器是将固定频率的交流电变换为频率连续可调的交流电的电气装置。目前,变频器的类型多种多样,可以按照变换方式、直流电源的性质、输出电压的调制方式及用途进行分类。

1) 按照变换方式分类

变频器按照工作时频率变换的方式主要分为两类,即交-直-交变频器和交-交变频器。

(1) 交-直-交变频器。先将工频交流电通过整流电路转换成脉动的直流电,再把直流电逆变成频率任意可调的三相交流电,供给负载进行变速控制。

交-直-交变频器又称间接式变频器,由于把直流电逆变成交流电的环节比较容易控制,因此在频率的调节范围内及改善频率后电动机的特性等方面都有明显的优势。目前,此种变频结构广泛用于通用型变频器中,如图 3-42 所示。

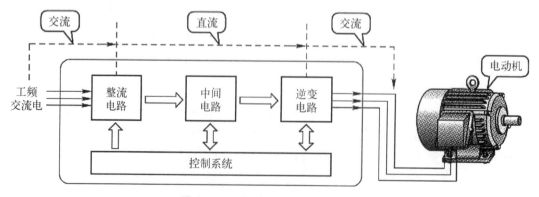

**图 3-42　交-直-交变频器的结构**

（2）交-交变频器。将工频交流电直接转换成频率和电压均可调的交流电,提供给负载进行变速控制。

交-交变频器又称直接式变频器,其主要优点是没有中间环节,故变换效率高,过载能力强。但其连续可调的频率范围窄,一般为额定频率的 1/2 以下,故它主要用于低速大容量的拖动系统中,如图 3 - 43 所示。

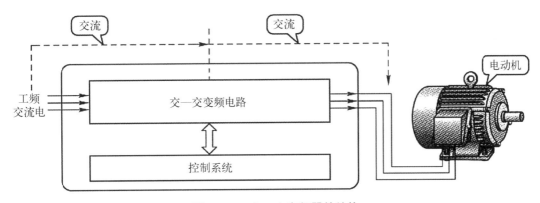

**图 3 - 43　交—交变频器的结构**

交-直-交变频器和交-交变频器的特点比较如表 3 - 2 所示。

**表 3 - 2　交-直-交变频器和交-交变频器的特点比较**

| 比较项目 | 交-交变频器 | 交-直-交变频器 |
|---|---|---|
| 换能形式 | 一次换能,效率较高 | 两次换能,效率较低 |
| 换流方式 | 电源电压换流 | 强迫换流或负载换流 |
| 调频范围 | 最高频率为电源频率的 $\frac{1}{3} \sim \frac{1}{2}$ | 频率调节范围宽,不受电源频率限制 |
| 装置元器件数量 | 元器件较多,利用率较低 | 元器件较少,利用率高 |
| 电网功率因数 | 较低 | 移相调压、低频调压时功率因数低;用斩波 PWM 调压,功率因数高 |
| 适用场合 | 特别适用于低速大功率拖动系统 | 可用于各种电力拖动装置、稳频、稳压电源和不停电电源 |

2）按照直流电源的性质分类

在交-直-交变频器中,根据中间部分的电源性质不同,又可以将变频器分为两大类,即电压型变频器和电流型变频器。

（1）电压型变频器。它的特点是中间电路采用电容器作为直流储能元件,可缓冲负载的无功功率,直流电压比较平稳,直流电源内阻较小,相当于电压源,故称为电压型变频器,常用在负载电压变化较大的场合。如图 3-44 所示。

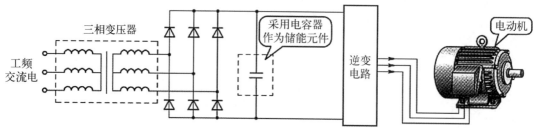

图 3-44    电压型变频器的结构

（2）电流型变频器。它的特点是中间电路采用电感器作为直流储能元件,用于缓冲负载的无功功率,即扼制电流的变化,使电压接近正弦波。因该直流内阻较大,故称为电流型变频器。由于电流型变频器可扼制负载电流频繁而急剧的变化,因此常用在负载电流变化较大的场合,适用于需要回馈制动和经常正、反转的电气设备。如图 3-45 所示。

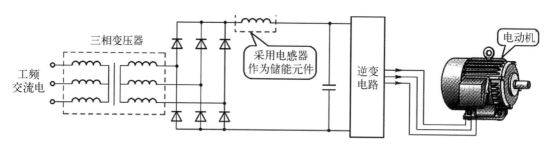

图 3-45    电流型变频器的结构

电压型变频器与电流型变频器的特点比较如表 3-3 所示。

表 3-3    电压型变频器与电流型变频器的特点比较

| 比较项目 | 电压型变频器 | 电流型变频器 |
| --- | --- | --- |
| 直流回路环节 | 电容器 | 电感器 |
| 负载无功功率 | 通过反馈二极管返还 | 用环流电容处理 |
| 输出电压波形 | 矩形波或阶梯波 | 取决于负载,当负载为异步电动机时,近似正弦波 |
| 输出电流波形 | 取决于逆变器电压与负载电动机的电势,近似正弦波 | 矩形波 |
| 电源阻抗 | 小 | 大 |

| 比较项目 | 电压型变频器 | 电流型变频器 |
| --- | --- | --- |
| 再生制动 | 需要附加制动电路 | 方便,不需要附加设备 |
| 对晶闸管的要求 | 一般耐压较低,关断时间要求短 | 耐压高,对关断时间无严格要求 |
| 适用场合 | 适用于向多台电动机供电、不可逆拖动、稳速工作、快速性要求不高的场合 | 适用于电动机拖动,频繁加、减速情况下运行,以及需要经常反向的场合 |

3) 按照输出电压的调制方式分类

按照输出电压的调制方式,可以将变频器分为正弦波脉宽调制(SPWM)控制方式变频器和脉幅调制(PAM)控制方式变频器。

(1) SPWM 控制方式变频器。是指在逆变电路部分同时对输出电压的幅值和频率进行控制的控制方式。在这种控制方式中,以较高的频率对逆变电路的半导体开关器件进行开闭,并通过调节脉冲占空比来达到控制电压的目的。

SPWM 变频器的功率因数高,调节速度快;输出电压和电流波形接近正弦波,改善了由矩形波引起的电动机发热、转矩降低等电动机运行性能,适用于单台或多台电动机并联运行、动态性能要求高的调速系统,如图 3-46 所示。

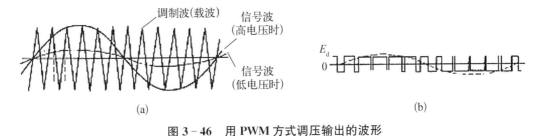

(a)　　　　　　　　　　　　　　　(b)

**图 3-46　用 PWM 方式调压输出的波形**

(a) 调制原理;(b) 输出电压波形

(2) PAM 控制方式变频器。将变压和变频分开完成,即在整流电路部分对输出电压的幅值进行控制,而在逆变电路部分对输出频率进行控制。因为在 PAM 控制的变频器中,逆变电路换流器件的开关频率即为变频器的输出频率,所以这是一种同步调速方式。在这种方式下,当系统低速运行时,谐波和噪声都比较大,如图 3-47 所示。

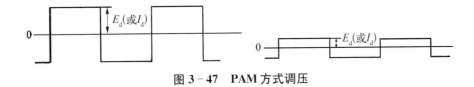

**图 3-47　PAM 方式调压**

这两种变频器的区别在于：PAM 调速要采用可控整流器，并须对可控整流器进行导通角控制；而 SPWM 调速则采用不控整流器，工作时无须对整流器进行控制。

4）按照功能用途分类

变频器按照用途可以分为通用变频器和专业变频器两大类。

通用变频器：是指在很多方面具有很强通用性的变频器。该类变频器简化了一些系统功能，并以节能为主要目的，多为中小容量变频器，一般应用在水泵、风扇、鼓风机等对于系统调速性能要求不高的场合。

专业变频器：是指专门针对某一方面或某一领域而设计研发的变频器。该类型变频器针对性较强，具有适用于所针对领域独有的功能和优势，从而能够更好地发挥变频调速的作用。目前，较常见的专用变频器主要有风机专用变频器、恒压供水专用变频器、机床类专用变频器、重载专用变频器、注塑机专用变频器、纺织类专用变频器等。

2. 异步电动机变频调速原理

由电机学可知，三相交流电动机的同步转速（即定子旋转磁场转速）$n_0$ 可表示为

$$n_0 = \frac{60 f_1}{p} \tag{3-1}$$

式中，$f_1$ 为定子供电的频率；$p$ 为电动机的磁极对数。

根据异步电动机的工作原理，异步电动机要产生转矩，同步转速 $n_0$ 与转子转速 $n$ 必须有差别。这个转速差 $(n_0 - n)$ 与同步转速 $n_0$ 的比值 $s$ 称为转差率。

$$s = \frac{n_0 - n}{n_0} \tag{3-2}$$

异步电动机在额定状态运行时，转子转速 $n$ 通常与 $n_0$ 相差不大，因此额定转差率 $s$ 一般都比较小，其范围在 0.01～0.05 之间。

如果将电源频率调节为 $f_x$，则同步转速 $n_{0x}$ 也随之调节为

$$n_{0x} = \frac{60 f_x}{p} \tag{3-3}$$

异步电动机变频后的转速 $n_x$ 的表达式为

$$n_x = n_{0x}(1-s) = \frac{60 f_x}{p}(1-s) \tag{3-4}$$

由此式可见，调节电源频率 $f_x$，可使异步电动机的转速 $n_x$ 得到大范围的调节。这就是异步电动机变频调速的理论依据。

由上式可知，要改变电动机转速 $n$ 有三种方法：变极调速（改变电动机绕组的磁极对数 $p$）；改变转差率调速（改变电动机的转差率 $s$）；变频调速（改变供电电源的频率 $f$）。

目前常见的调速方式主要有降电压调速、转子串电阻调速、串级调速、变极调速、变频调速。其中前三项均属于变转差率调速方式。

1）异步电动机的变极调速

变极调速是通过改变定子绕组的磁极对数来改变旋转磁场同步转速进而进行调速的，是无附加转差损耗的高效调速方式。由于磁极对数 $p$ 是整数，因此它不能实现平滑调速，只能是有级调速。在供电频率 $f=50$ Hz 的电网中，$p=1$、2、3、4 时，相应的同步转速 $n_0=$ 3 000、1 500、1 000、750 r/min。变极调速只适用于变极电动机，现国内生产的变极电动机有双、三、四速等几类。

变极调速的优点是在每一个转速等级下都具有较硬的机械特性，稳定性好，控制线路简单，容易维护；缺点是有级调速，调速平滑性差，从而限制了它的使用范围。

2）降电压调速

降电压调速是用改变定子电压的方法来改变电动机的转速。调速过程中，它的转差功率以发热形式损耗在转子绕组中，属于低效调速方式。由于电磁转矩与定子电压的平方成正比，因此改变定子电压就可以改变电动机的机械特性，与某一负载特性相匹配就可以稳定在相应的转速上，从而实现调速功能。使用晶闸管是实现交流调压调速的主要手段，利用改变定子侧三相反并联晶闸管的移相角来调节转速，可以做到无级调速，如图 3-48 所示。

降电压调速的主要优点是控制设备比较简单，可无级调速，初始投资低，使用维护比较方便；缺点是机械特性软，调速范围窄，调速效率比较低。它适用于调速要求不高，在高速区运行时间较长的中小容量的异步电动机。

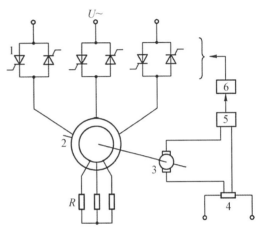

1—晶闸管装置；2—异步电动机；3—测速发电机；
4—电压给定器；5—放大器；6—触发器。

**图 3-48　晶闸管调压调速系统的原理框图**

3）转子串电阻调速

转子串电阻调速适用于绕线式异步电动机，通过在电动机的转子回路中串入不同阻值的电阻，人为地改变转子电流从而改变电动机的转速，如图 3-49 所示。

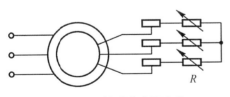

**图 3-49　转子串电阻电路**

转子串电阻调速的优点是设备简单，维护方便；控制方法简单，易于实现。其缺点是只能有级调速，平滑性差；低速时机械特性软，故静差率大；低速时转差大，转子铜损高，运行效率低。这种调速方法适合于调速范围不太大和调速特性要求不高的场合。

4）串级调速

串级调速方式是转子串电阻调速方式的改进，基本工作方式也是通过改变转子回路的等效阻抗从而改变电动机的工作特性，达到调速的目的。其实现方式是在转子回路中串入一个可变的电动势，从而改变转子回路的回路电流，进而改变电动机转速。

串级调速的优点是可以通过某种控制方式使转子回路的能量回馈给电网,从而提高效率,还可以实现无级调速。缺点是对电网干扰大,调速范围窄。

5)变频调速

变频调速是通过改变异步电动机供电电源的频率 $f$ 来实现无级调速的。从实现原理上考虑,变频调速是一个简捷的方法。从调速特性上看,变频调速的任何一个速度段的硬度均接近自然机械特性,调速特性好。如果能有一个可变频率的交流电源,则可实现连续调速,平滑性好。变频器就是一种可以实现变频、变压的变流电源的专业装置,其变频调速原理图如图3-50所示。

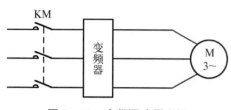

图3-50　变频调速原理图

6)比较几种调速方式

根据实际应用效果,将交流电动机的各种调速方式的一般特性和特点汇总在表3-4中。

表3-4　调速方式的一般特性和特点

| 调速方法比较项目 | | 变极 | 变转差率 | | | 变频 |
|---|---|---|---|---|---|---|
| | | | 转子串电阻 | 串级调速 | 降压调速 | |
| 是否改变同步转速 | | 变 | 不变 | 不变 | 不变 | 变 |
| 调速指标 | 静差率 | 小（好） | 大（差） | 小（好） | 开环时大闭环时小 | 小（好） |
| | 在一般静差率要求下的调速范围 $D$ | 较小（$D=2\sim4$） | 小（$D=2$） | 较小（$D=2\sim4$） | 闭环时较大（$D=10$） | 较大（$D=10$） |
| | 调速平滑性 | 差（有级调速） | 差（有级调速） | 好（无级调速） | 好（无级调速） | 好（无级调速） |
| | 适应负载类型 | 恒转矩恒功率 | 恒转矩 | 恒转矩 | 恒转矩 | 恒转矩恒功率 |
| | 设备投资 | 少 | 少 | 较多 | 较多 | 多 |
| | 电能损耗 | 小 | 大 | 较小 | 大 | 较小 |
| 运用电动机类型 | | 多速电动机（鼠笼型） | 绕线型异步电动机 | 绕线型异步电动机 | 绕线型、鼠笼型异步电动机 | 鼠笼型异步电动机 |

7)变频三相异步电动机的机械特性曲线(见图3-51)

在变频调速系统中,变频器用降低频率 $f_1$ 从而也降低了电压 $U_1$ 的方法来启动电动机,如图3-52所示。

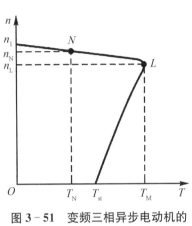

图 3-51 变频三相异步电动机的
机械特性曲线

图 3-52 低频启动时电动机的
机械特性曲线

电动机以很低的频率启动,随着频率的上升,转速上升,直至达到电动机的工作频率后,电动机稳速运行。在此过程中,转速差 $\Delta n$ 被限制在一定的范围,启动电流也将被限制在一定的范围内,而且动态转矩 $\Delta T$ 很小,启动过程很平稳。

8)三相异步电动机的变频制动方式有直流制动和回馈制动

(1)直流制动。电动机制动时,切断电动机的三相电源,在定子绕组中通入直流电,产生一恒定磁场,如图 3-53(a)所示。由于转子在机械惯性作用下仍按原方向旋转,它切割恒定磁场产生感应电流,用左手定则可判断感应电流在磁场中的受力方向,从而可判断电磁转矩方向与转子转速方向相反,为制动转矩。

如图 3-53(b)所示,曲线①为原电动运行状态机械特性曲线,曲线②为直流制动运行状态机械特性曲线。

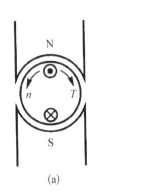

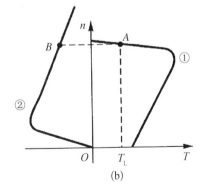

(a) (b)

图 3-53 直流制动的原理与机械特性

(a) 直流制动的原理;(b) 直流制动的机械特性曲线

(2)回馈制动。在变频调速系统中,电动机的减速和停止都是通过逐渐减小运行频率来实现的。在变频器频率减小的瞬间,电动机的同步转速随之下降,而由于机械惯性的原因,电动机的转子转速未变,或者说,它的转速变化是有一定时间滞后的,这时会出现实际转速大于给定转速,从而产生电动机反电动势高于变频器直流端电压的情况。这时电动机就变成发电机,当电机的反电势高于电枢电压时,电枢将与转子动能相应的机械功率变为电磁功率后,大部分回馈给直流电源或电网,小部分变为电枢回路的铜损。此时,电机变为一台与电枢电源或电网并联运行的发电机,其运行状态即回馈制动状态。

### 3.5.3　变频器和逆变器的区别

区别一:逆变器是一种用来将直流电变成交流电的部件;变频器是一种用来改变交流电频率的部件。

区别二:逆变器是把直流电能(电池、蓄电瓶)转变成交流电(一般为 220 V,50 Hz 正弦波),频率也可调节;变频器将输入的交流电转换为所需频率的交流电输出。其原理有"交-直-交"或者"交-交","交-直-交"形式比较多见。"交-直-交"先将交流电转换为直流,再将直流转为交流,也就是"整流＋逆变"。

区别三:变频器要有调整频率的部分,而逆变器只要有固定的输出频率就可以了。

📖 拓展阅读

#### 纯电动汽车保养该注意哪些问题?

这几年,纯电动汽车已经悄然进入了大家的生活,并改变着我们的生活方式,有不少小伙伴也开始热衷于选购电动汽车。但是,电动汽车是通过电机带动的,相比于传统的汽车,电动汽车主要的差别在于驱动电机、调速控制器、电载充电器和动力电池。而且电动汽车需要超快充电站,蓄电发动。因此包括车辆的配件、发动方式等保养,也与传统汽车有很大的区别。

**电池和充电器的保养**

传统的燃油汽车,最重要的就是发动机,而电动汽车则是电池。电池保养得是好是坏,直接关系到汽车的使用质量,而且电动汽车的电池比较贵,就算是保护钱包,车主也不能疏忽对于电池的养护。

1. 什么时候应该为汽车充电

车主用车的时候,可以留意汽车用电的情况,然后估算自己应该什么时候为汽车充电,以及隔多长时间充一次电。电池的用量可以通过电压表盘来显示,当指针从"H"降到"L"附近时,就意味着我们要为汽车充电了。

而且使用电动汽车的时间越长,车主也越能掌握自己的汽车可以跑多少公里,但要注意的是,尽量不要用到没电位置,因为到了差不多的里程数,汽车就很明显地动力下降,再勉强行驶,会大幅度地降低电池寿命。

一般来说,电动车每天都要充电,让电池浅循环,这样可以延长它的使用寿命。因此,定期对电池来一次完全放电和完全充电,也是很必要的,因为这样可以让电池更加耐用。

**2. 充电时间多长为宜? 充电器应如何保养**

在充电的过程中,时间的把握很重要,充电时间的长短,有的车主并不以为意,但久而久之,就会影响电池的使用寿命。合适的充电时间要根据自己汽车的实际剩余电量决定。

如果电压表盘的指针已经在"L"的位置了,或者说车主本身已经感觉到汽车的电快要用完了,这时候慢充 8～10 个小时是没有问题的,最好是充到充电器变灯为止;如果汽车的电还没用完,充电时长不应超过 8 个小时。

有的车主会出现这种情况,就是在为电池充电的时候,充电器插头在不断地发热,而且发热的时间比较长,此时,我们就应该马上意识到是插头短路或者接触不良。应该把充电器拔出来,看看插头上面是否存在氧化物,比如铁锈之类的,然后立即清除掉。如果不及时进行处理,会严重损坏电瓶或者充电器。

与电池关系紧密的就是充电器了。在使用充电器为汽车电池进行充电时,周边环境应该是凉爽通风的,太过闷热的环境不利于充电状态,还会破坏电池和缩短充电器的使用寿命。

**3. 电池应该如何存放**

当车主暂时不需要用电动汽车,要把电池闲置存放的时候,往往都会先把电用光,再搁着。这大错特错,因为用完了的电池没有及时充电,再被闲放着,就是一个亏电的状态,不用多久,电池就会出现硫酸盐化的现象,主要表现为一些结晶物黏附在极板上面。当我们再用的时候,就会发现电池的容量大大下降。

针对这种情况,我们应该在电池存放的时候,每个月都给它充一次电,远离亏电的状态。当然也不应该把电池放在阳光下暴晒,任何电池都不可以,否则极板老化,电池就没了。

**4. 充电之后是否需要拔开插头**

电动汽车的充电器,大部分都没有自行断电的功能,这就需要我们车主把握好充电的时间。充电时长过久,会导致电瓶不耐用,随着充电时间越来越长,电瓶就会变形,电池盒也会爆开,严重时可以导致火灾。

所以汽车充电差不多的时候,我们就要留意,充电之后一定要拔开插头。有些丢三落四的车主,可以买一个充电定时器,提醒自己什么时候该拔开插头停止充电。这样可以便宜又安全地提供了保障。

另外,电动汽车的电池是不能带电维修的,要修理充电部件的时候,必须要先拔开电源插头。

**5. 电池故障的检查和解决方法**

通常,电池的损坏会直接导致汽车无法正常启动。这时,我们可以利用导线,并联上另外一台电源充足的汽车,让它来为我们的汽车提供电源。用一条跨接导线,连接着两个电池的正极,再用另一条跨接导线,连接两个电池的负极。接着,供电的车先启动,大概一两分钟之后再启动亏电的车,让两车的发动机先空转 3 分钟左右,然后把导线拆了。

要注意的是,在拆除导线的时候,顺序应该跟连接导线时的顺序相反。当"借"电完成后,供电的车可以熄火,但是亏电的车则不能,因为一旦熄火了,汽车也同样会回到亏电的状态。

**轮胎如何保养？**

电动汽车一般都采用充气式的低压轮胎，因为它的弹性较好、与地面接触的面积大、散热快。在行驶过程中使用低压轮胎的汽车，会更加稳定和平顺。但是，如果胎压错误，会导致耗电严重、轮胎易坏或者直接爆胎的情况出现，会威胁到行车的安全。

在轮胎保养这一方面，与普通汽车差不多，车主应该定期地检测轮胎气压，最好是一两个星期检查一次。

**如何清洗电动汽车？**

电动汽车的清洗大大有别于传统的燃油汽车。由于是电动的，所以在清洗的过程中，我们要避免水流到汽车里面的充电插座，因为水会破坏电路，导致短路。如果可以，我们应该尽量用抹布进行清洁，不要用水枪喷射，避免电池受潮。

随着电动汽车越来越受欢迎，针对电动汽车的专业洗车店也会应运而生，车主可以将汽车交由专业师傅清洁。

**值得重视的细节**

由于电动汽车的特性，本身比传统的汽车更容易起火，购买了电动汽车的车主在行驶的时候更应该注意安全。而且一旦发生事故或火灾的时候，车主的第一反应应该是关闭总电源，才能进行后续的处理和维修。

以上这几点就是为大家总结的纯电动汽车保养该注意的一些问题。其实电动汽车最主要和最值得我们注意的就是电池部分，因为电池就是全车的核心所在。无论在使用、充电、维修时，都应该按照以上所说的多加注意，正确使用电动汽车，才可以安全又环保。

## 本章习题

**一、填空题**

1. 纯电动汽车的结构主要由（          ）、汽车底盘、车身以及（          ）等部分组成。

2. 车载电源模块主要由（          ）（          ）和（          ）三部分组成。

3. （          ）不仅是电力驱动主模块的控制中心，还要对整辆电动汽车的控制起到协调作用。

4. 动力电池、（          ）、（          ）为纯电动汽车上的三大核心部件。

5. 新能源汽车动力电池的主要类型有（          ）、镍氢电池、（          ）、铅酸电池和钠硫电池。

6. 根据 GB/T 18384.3—2015《电动汽车安全要求》第三部分：人员触电防护第 6.7.1 条规定，在最大工作电压下，直流电路绝缘电阻的最小值应至少（          ）$\Omega/V$，交流电路应至少（          ）$\Omega/V$。

7. 高压配电箱：是把（　　　　　）（　　　　　）（　　　　　）（　　　　　）
装在一起,简称四合一配电箱。

8. 逆变器由（　　　　　）（　　　　　）和滤波电路组成。

9. 变频器是将（　　　　　）（　　　　　）的交流电变换为可调电压、可调频率的
交流电的装置。

10. 变频器按照工作时频率变换的方式主要分为两类,即（　　　　　）变频器和
（　　　　　）变频器。

11. 工业变频器按其输出电压的调制方式可以分为（　　　　　）变频器和（　　　　　）变
频器。

12. 变频器按照用途可以分为（　　　　　）变频器和（　　　　　）变频器两大类。

13. 变频器就是一种可以实现（　　　　　）（　　　　　）的变流电源的专业装置。

14. 交流异步电动机调速的理论根据是（　　　　　）。

15. 交流电动机调速方式有（　　　　　）（　　　　　）（　　　　　）和
（　　　　　）等。

## 二、简答题

1. 简述纯电动汽车工作原理。

2. 简述纯电动汽车驱动系统布置形式。

3. 纯电动汽车高压由哪些部件组成?

4. 画出北汽 EV160 纯电动汽车高压系统简图。

5. 简述半桥逆变电路工作原理。

6. 简述变频调速的优缺点。

7. 从不同角度比较电压型变频器和电流型变频器。

8. 从不同角度比较交-直-交变频器和交-交变频器。

# 第4章

# 动 力 电 池

## 学习目标

（1）掌握锂离子动力电池的储能原理、结构、性能及检测。

（2）了解镍氢电池储能结构及原理。

（3）掌握动力电池分析测试。

（4）掌握动力电池管理系统的功能。

（5）掌握动力电池管理系统电压、电流、温度等参数采集方法及电池电量管理、电安全管理、均衡管理、热管理等实现方法。

## 问题导入

手机电池长时间充电会发热，那么新能源动力电池会发热吗？一辆电动汽车因动力电池组损坏而无法运行，动力电池组总成需要分解进行单体检测，你了解动力电池组总成吗？

## 4.1 锂电池

锂离子蓄电池（以下简称锂电池）是 20 世纪 90 年代推向市场的新型高能蓄电池。锂电池相比其他蓄电池具有工作电压高、比能量高、循环寿命长、自放电小、无记忆效应、工作温度范围宽、绿色无污染等优点。锂电池是目前新能源汽车的主流蓄电池。

### 4.1.1 锂电池的分类

#### 1. 按所用电解质材料的不同分类

锂电池可分为液态锂电池和聚合物锂电池两大类。聚合物锂电池所用的正负极材料与液态锂电池都是相同的，电池的工作原理也基本一致。它们的主要区别在于电解质的不同，液态锂电池使用的是液体电解质，而聚合物锂电池则以固体聚合物电解质来代替。这种聚合物可以是"干态"的，也可以是"胶态"的，目前大部分采用聚合物胶体电解质。聚合物锂电池可分为三类：

(1) 固体聚合物电解质锂电池。电解质为聚合物与盐的混合物，这种电池在常温下的离子电导率低，适合高温使用。

(2) 凝胶聚合物电解质锂电池。即在固体聚合物电解质中加入增塑剂等添加剂，从而提高离子电导率，使电池可在常温下使用。

(3) 聚合物正极材料的锂电池。采用导电聚合物作为正极材料，其能量是现有锂电池的 3 倍，是最新一代的锂电池。由于用固体电解质代替了液体电解质，与液态锂电池相比，聚合物锂电池具有可薄形化、任意面积化与任意形状化等优点，也不会产生漏液与燃烧爆炸等安全上的问题，因此可以用铝塑复合薄膜制造电池外壳，从而可以提高整个电池的容量。聚合物锂电池还可以采用高分子作正极材料，其质量比能量将会比目前的液态锂电池提高 50% 以上。此外，聚合物锂电池在工作电压、充放电循环寿命等方面都比液态锂电池有所提高。基于以上优点，聚合物锂电池被誉为下一代锂电池。

**2. 按充电方式分类**

锂电池按充电方式可分为不可充电的及可充电的两类。不可充电的电池称为一次性电池，它只能将化学能一次性地转化为电能，不能将电能还原回化学能（或者还原性能极差）。而可充电的电池称为二次性电池（也称为蓄电池），它能将电能转变成化学能储存起来，在使用时，再将化学能转换成电能，它是可逆的。

不可充电的锂电池有多种，目前常用的有锂-二氧化锰电池、锂-亚硫酰氯电池及锂和其他化合物电池。

可充电的锂电池有多种，如锂-钒氧化物电池，及国外新开发的锂-聚合物电池等。可充电锂电池是目前手机中应用最广泛的电池，但它较为"娇气"，在使用中不可过充、过放（会损坏电池或使之报废）。因此，在电池上有保护元器件或保护电路以防止昂贵的电池损坏。锂电池充电要求很高，要保证终止电压精度在 1% 之内，目前各大半导体器件厂已开发出多种锂电池充电管理的 IC 芯片，以保证安全、可靠、快速地充电。

**3. 按锂电池外形分类**

锂电池按外形可分为方形电池（如常用的手机电池电芯）和圆柱形电池（如型号 18650、18500）。方形电池的壳体相对较重，能量密度从而受到限制；工艺复杂，良性率低，一致性较差；壳体多为铝合金不锈钢等材料，结构强度高，承受机械载荷能力比较好。圆柱形电池的电池体积小，电池组散热面积大，散热性能优于方形电池；成组工艺复杂，可靠性低；生产工艺相对成熟、良性率高、一致性好。

**4. 按锂电池外包材料分类**

锂电池按照外包材料分类，可以分为铝壳锂电池、钢壳锂电池、软包锂电池。

铝壳锂电池具有较高的比强度、比模量、断裂韧性、疲劳强度和耐腐蚀稳定性。电池铝壳的表面处理主要是通过静电喷涂，具有铝合金的优点，具有重量轻、成型耐用等特点。电池铝壳塑性较强，生产性能优于其他型材，且具有良好的铸造性能，在生产上具有较大的优势。外壳还具有良好的延展性，使其成为一种轻质合金。其化学性能稳定，无磁性，可回收利用,是一种良好的可回收金属材料。

钢壳锂电池绝大部分都以钢材作为电池外壳材质。钢质材料的物理稳定性、抗压力都远远高于铝壳材质,在设计结构优化后,安全装置放置在电池芯内部,钢壳锂电池的安全性已经达到了一个新的高度。

软包锂电池由于采用的是铝塑膜包装,即使出现安全问题,软包锂电池一般也不会出现爆炸,只会出现鼓气或者裂开的情况,因此安全性能好。软包锂电池的重量较铝壳电池轻约20%,与同等规格的铝壳电池比较,电池的容量高为5%~10%,电池容量大;软包锂电池的内阻已经做到5 mΩ以下,这大大降低了电池的自耗电。

5. 按锂电池的正负极材料(添加剂)分类

锂电池按正负极材料(添加剂)分类,可以分为钴酸锂($LiCoO_2$)电池、锰酸锂、磷酸铁锂电池。

钴酸锂电池结构稳定、电化学性能优越,加工性能优异,振实密度大,有助于提高电池体积比容量,综合性能突出。但是其安全性差、成本非常高。

锰酸锂是指正极使用锰酸锂材料的电池,该材料成本低、安全性和低温性能好,但是其材料本身并不太稳定,容易分解产生气体,因此多用于和其他材料混合,以降低电芯成本。但其循环寿命衰减较快,容易发生鼓胀,高温性能较差、寿命相对短,主要用于大中型号电芯,动力电池方面,其标称电压为3.7 V。

磷酸铁锂电池是一种使用磷酸铁锂($LiFePO_4$)作为正极材料,碳作为负极材料的锂电池。磷酸铁锂电池正极材料电化学性能比较稳定,这决定了它具有平稳的充放电平台。因此,在充放电过程中电池的结构不会发生变化,不会燃烧爆炸,并且即使在短路、过充、挤压、针刺等特殊条件下,仍然是非常安全的,安全性非常好。同时,该电池能量密度高,循环寿命长。

### 4.1.2  锂电池的结构

锂电池由正极材料、负极材料、电解液、隔膜和导电材料等组成,如图4-1所示。其中,正、负极材料的选择和质量直接决定锂离子蓄电池的性能与价格。

负极材料一般选用碳材料(活性物质为石墨,或近似石墨结构的碳),导电集流体使用厚度为7~15 μm的电解铜箔,目前已比较成熟。

正极材料一般都是锂的氧化物,应用比较多的有钴酸锂、镍酸锂、锰酸锂、磷酸铁锂和钒的氧化物等。正极材料的开发已经成为制约锂离子蓄电池性能提高、价格降低的重要因素。

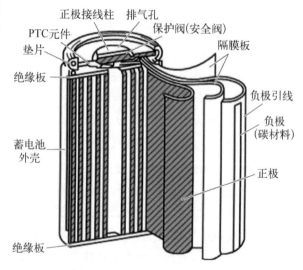

图 4-1  锂离子蓄电池结构图

隔膜的主要作用是使蓄电池的正、负极分隔开来,防止两极接触而短路,此外还具有能使电解质离子通过的功能。锂离子蓄电池隔膜具有大量曲折贯通的微孔,能够保证电解质离子自由通过,形成充、放电回路;而在蓄电池过度充电或者温度升高时,隔膜通过闭孔功能将蓄电池的正极和负极分开以防止其直接接触而短路,起到阻隔电流传导,防止蓄电池过热甚至爆炸的作用。

电解液在锂蓄电池正、负极之间起到传导电子的作用,是锂离子蓄电池获得高电压、高比能等优点的保证。电解液一般由高纯度的有机溶剂、电解质锂盐、必要的添加剂等原料,在一定条件下,按一定比例配制而成。锂蓄电池主要使用的电解质有高氯酸锂、六氟磷酸锂等。用高氯酸锂制成的蓄电池低温效果不好,有爆炸的危险,在日本和美国已被禁止使用。用含氟锂盐制成的蓄电池性能好、无爆炸危险、适用性强,特别是用六氟磷酸锂制成的蓄电池,除具有上述优点外,其废弃处理工作相对简单。

蓄电池外壳材料分为钢壳(方形很少使用)、铝壳、镀镍铁壳(圆柱形电池使用)、铝塑膜(软包装)等,电池的盖帽可作为电池的正、负极引出端。

### 4.1.3　锂电池的原理

锂电池的工作原理如图 4 - 2 所示。在蓄电池充电时,$Li^+$ 从正极脱出,经过电解质嵌入负极。蓄电池放电时,$Li^+$ 从负极脱出,经过电解质嵌入正极。

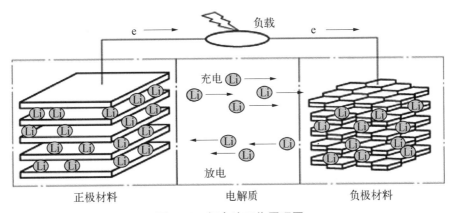

**图 4 - 2　锂电池工作原理图**

蓄电池的充放电过程实际上是 $Li^+$ 在两电极之间来回嵌入和脱出的过程,故锂离子蓄电池也称为“摇椅式电池”。由于锂离子蓄电池在正、负极中有相对固定的空间和位置,因此,锂离子蓄电池充、放电反应的可逆性很好。在充放电过程中,锂离子的反应方程式(式中:$M = Co、Ni、Fe、W$ 等。)如下:

正极反应式:　　　　　$LiMO_2 \longrightarrow Li_{1-x}MO_2 + xLi^+ + xe$　　　　　(4 - 1)

负极反应式:　　　　　$nC + xLi^+ + xe \longrightarrow Li_xC_n$　　　　　(4 - 2)

电池反应式:　　　　　$LiMO_2 + nC \longrightarrow Li_{1-x}MO_2 + Li_xC_n$　　　　　(4 - 3)

### 4.1.4 锂电池的特性

1. 锂电池的优点

（1）单体电池工作电压高达 3.7 V，是镍电池的 3 倍，铅酸蓄电池的 2 倍。

（2）质量比能量高达 150 W·h/kg，是镍氢电池的 2 倍，铅酸蓄电池的 4 倍，因此质量是相同能量铅酸蓄电池的 1/4。

（3）体积比能量高达 400 W·h/L，因此体积是相同能量铅酸蓄电池的 1/3～1/2。

（4）循环寿命长，循环次数可达 1 000～2 000 次。

（5）自放电率低，每月不到 10%。

（6）无记忆效应，充电前不必像镍镉电池一样完全放电，可以随时随地进行充电。蓄电池深度充放电，对蓄电池的循环寿命影响不大，放电深度可达 95%。

2. 锂电池的缺点

（1）不能大电流放电。

（2）电池的一致性较差。

（3）高温和低温的存储性较差。

（4）耐过充电和过放电能力差。

（5）锂电极会出现电压滞后现象。

（6）价格相对较高。正极材料 $LiCoO_2$ 的价格高，按单位瓦时的价格来计算，已经低于镍氢电池，与镍镉电池持平，但高于铅酸蓄电池。

### 4.1.5 锂电池的性能指标

1. 锂电池主要性能指标

电压——也称作电势差或电位差，是衡量单位电荷在静电场中由于电势不同所产生的能量差的物理量。

电动势——电池正极负极之间的电位差 $E$。

额定电压——电池在标准规定条件下工作时应达到的电压。

工作电压（负载电压、放电电压）——在电池两端接上负载 $R$ 后，在放电过程中显示出的电压，等于电池的电动势减去放电电流 $i$ 在电池内阻 $r$ 上的电压降，$U = E - ir$。

终止电压——电池在一定标准所规定的放电条件下放电时，电池的电压将逐渐降低，当电池再不宜继续放电时，电池的最低工作电压称为终止电压。当电池的电压下降到终止电压后，再继续使用电池放电，化学"活性物质"会遭到破坏，减少电池寿命。

2. 电池容量

理论容量——根据蓄电池活性物质的特性，按法拉第定理计算出的高理论值，一般用质量容量 Ah/kg 或体积容量 Ah/L 来表示。

实际容量——在一定条件下所能输出的电量，等于放电电流与放电时间的乘积。

标称容量——用来鉴别电池的近似安时值。

额定容量——按一定标准所规定的放电条件下,电池应该放出的最低限度的容量。

荷电状态(SOC)——电池在一定放电倍率下,剩余电量与相同条件下额定容量的比值。反映电池容量的变化。

### 3. 能量(W·h、kW·h)

标称能量——按一定标准所规定的放电条件下,电池所输出的能量,电池的标称能量是电池额定容量与额定电压的乘积。

实际能量——在一定条件下电池所能输出的能量,电池的实际能量是电池的实际容量与平均电压的乘积。

比能量(Wh/kg)——动力电池组单位质量中所能输出的能量。

能量密度(Wh/L)——动力电池组单位体积中所能输出的能量。

### 4. 功率(W、kW)

在一定的放电制度下,电池在单位时间内所输出的能量。

比功率(W/kg)——动力电池组单位质量中所具有的电能的功率。

功率密度(W/L)——动力电池组单位体积中所能输出的能量。

### 5. 电池内阻

电流流过电池内部受到的阻力,使电池电压降低,此阻力称为电池内阻。由于电池内阻的作用,电池放电时的端电压低于电动势和开路电压;充电时的端电压高于电动势和开路电压。

锂电池的内阻包括欧姆内阻和极化内阻。欧姆内阻由电极材料、电解液、隔膜电阻以及各部分零件的接触电阻组成。极化内阻是指化学反应时由极化引起的电阻,包括电化学极化和浓差极化引起的电阻。

锂电池的实际内阻是指电池在工作时,电流流过电池内部所受到的阻力。电池内阻大,会产生大量焦耳热引起电池温度升高,导致电池放电工作电压降低,放电时间缩短,对电池性能、寿命等造成严重的影响。电池内阻大小的精确计算相当复杂,而且在电池使用过程中会不断变化。根据经验表明,锂离子电池的体积越大,内阻越小。

### 6. 寿命

电池以充放电的循环次数或使用年限来定义电池寿命。

循环次数:蓄电池的工作是一个不断充电—放电—充电—放电……的循环过程。在每一个循环中,电池中的化学活性物质发生一次可逆的化学反应,充放电次数的增加,化学活性物质老化变质,使电池充放电效率降低,最终丧失功能,电池报废。电池的循环次数与很多因素有关:电池充放电形式、电池温度、放电深度、电池组均衡性、电池安装等。循环次数是衡量电池寿命的指标之一。

电池健康状态:SOH(State of Health)反映电池的预期寿命。$SOH = C_M/C_N$,其中,$C_M$表示蓄电池预测容量;$C_N$表示蓄电池标称容量。

### 7. 放电速率(放电率)

放电率一般用电池在放电时的时间或放电电流与额定电流的比例来表示。

（1）时率（时间率）——电池以某种电流强度放电，放完额定容量所经过的放电时间。

（2）倍率（电流率）——电池以某种电流强度放电的数值为额定容量数值的倍数。例如，放电电流为 $0.1C_{20}$，对于 $120\ A\cdot h(C_{20})$ 的电池，即以 $0.1\times120=12\ A$ 的电流放电。$C$ 的下角标表示放电时率。

**8. 自放电率**

自放电率——电池在存放时间内，在没有负荷的条件下自身放电，使得电池的容量损失的速度，自放电率用单位时间（月/年）内电池容量下降的百分数来表示。

### 4.1.6　锂电池的充放电特性

**1. 充电特性**

锂电池的充电特性曲线如图4-3所示。单体锂电池的充电电压必须严格保持在4.1 V左右，充电电流通常限制在 $1C$ 以下。锂电池通常采用恒流转恒压充电模式。

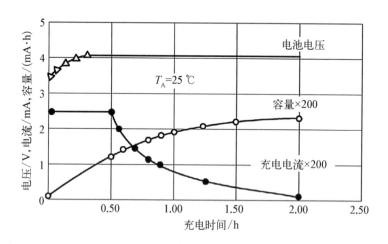

**图4-3　锂电池的充电特性曲线**

当单体电池的电压上升到4.1 V或4.2 V时，充电器应立即转入恒压充电，充电电压波动应控制在50 mV以内。

**2. 放电特性**

当环境温度为25 ℃时，500 mA·h的锂电池的放电特性曲线如图4-4所示。

锂电池放电电流通常不应超过 $3C$，放电时单体电池电压不得低于2.2 V。电池电压低于2.2 V，就会造成永久性损坏。采用 $0.2C$ 放电速率且单体电池电压下降到2.7 V时可放出额定容量500 mA·h。

（1）充电特性的影响因素。

① 充电电流对充电特性的影响。额定容量为 $100\ A\cdot h$，$SOC=40\%$，恒温20 ℃，不同充电率充电，参数结果如表4-1所示。

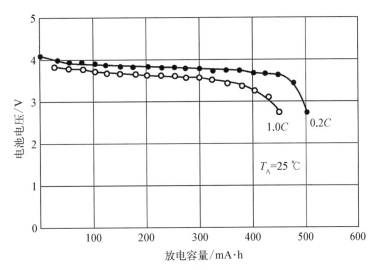

图 4 - 4　锂电池的放电特性曲线

表 4 - 1　充电电流对不同充电特性的参数结果

| 电流/A | 恒流时间/s | 充入容量/A·h | 充入能量/W·h | 充入 30 A·h 时间/s | 充入 30 A·h 电流/A |
|---|---|---|---|---|---|
| 20/(0.2C) | 3 900 | 21.67 | 90.85 | 5 763 | 14.24 |
| 30/(0.3C) | 2 420 | 20.17 | 84.93 | 4 754 | 15.53 |
| 40/(0.4C) | 729 | 8.11 | 34.482 | 4 528 | 13.87 |
| 50/(0.5C) | 700 | 9.8 | 41.68 | 3 940 | 14.94 |
| 60/(0.6C) | 237 | 3.97 | 16.96 | 3 212 | 16.16 |
| 80/(0.8C) | 32 | 0.74 | 3.133 | 3 129 | 14.15 |

在实际电池组应用中,可以以锂电池允许的最大充电电流充电,达到限压后,进行恒压充电,这样在减少充电时间的基础上,也保证了充电的安全性。

对充电过程进行综合考虑,由于充电电流与内阻能耗成平方关系,是影响内阻能耗的主要因素,所以充电电流大的内阻能耗大。在实际电池应用中,应综合考虑充电时间和效率,选择适中的充电电流。

② 放电深度对充电特性的影响。

恒温 20 ℃,额定容量 100 A·h,不同 SOC,0.3 C 恒流限压充电结果如表 4 - 2 所示。

③ 充电温度对充电特性的影响。

不同环境温度,额定容量 200 A·h,恒流限压充电,充电电流下限为 1 A 的充电结果如表 4 - 3 所示。

表 4 - 2    不同放电深度充电试验参数

| 放　　电 | | 充　　电 | | 等容量充入能量/W·h | 充电时间/min | 恒流时间/min | 恒流充电容量/A·h | 单位容量平均充电时间/min | 等容量充电放电效率 |
|---|---|---|---|---|---|---|---|---|---|
| 容量/A·h | 能量/W·h | 容量/A·h | 能量/W·h | | | | | | |
| 10 | 32.85 | 13.32 | 57.40 | 43.10 | 58 | 3 | 1.5 | 5.8 | 0.762 |
| 20 | 65.12 | 22.78 | 98.32 | 86.32 | 119 | 6 | 3.0 | 5.95 | 0.754 |
| 30 | 95.86 | 30.91 | 133.10 | 129.20 | 151 | 12 | 6.0 | 5.03 | 0.742 |
| 40 | 122.03 | 40.12 | 169.60 | 164.98 | 171 | 18 | 9.0 | 4.28 | 0.740 |
| 50 | 159.07 | 50.32 | 220.52 | 214.47 | 218 | 34 | 17.0 | 4.36 | 0.742 |
| 60 | 188.33 | 60.08 | 263.39 | 260.99 | 252 | 45 | 22.5 | 4.20 | 0.722 |
| 80 | 249.76 | 80.35 | 344.4 | 342.90 | 318 | 72 | 35.67 | 3.98 | 0.728 |

表 4 - 3    不同环境温度的充电结果

| 环境温度/℃ | 充电电流降至 5 A | | | 充电电流降至 1 A | | |
|---|---|---|---|---|---|---|
| | 充电容量/A·h | 充入能量/W·h | 充电时间/h | 充电容量/A·h | 充入能量/W·h | 充电时间/h |
| -25 | 118.09 | 516.81 | 9.0 | 147.08 | 640.79 | 21.0 |
| -5 | 127.29 | 566.63 | 7.1 | 160.75 | 717.27 | 19.0 |
| 10 | 164.59 | 707.65 | 6.4 | 203.12 | 867.32 | 15.2 |
| 25 | 168.94 | 729.91 | 5.5 | 205.98 | 878.71 | 12.3 |

随环境温度降低,电池的可充入容量明显降低,而充电时间明显增加。

(2) 放电特性影响因素。

在放电特性方面,主要讨论不同环境温度下,不同放电率对锂电池放电特性的影响。

额定容量 200 A·h,环境温度 20 ℃,将电池充满电,分别在 -20 ℃、0 ℃、20 ℃下放电,结果如图 4 - 5 所示。

在同一温度,同样的放电终止电压下,不同的放电结束电流,可放出的容量和能量有一定的差别,如图 4 - 6 所示。电流越小,可放出容量越多。

3. 安全性

锂电池在热冲击、过充、过放和短路等滥用情况下,其内部的活性物及电解液等组分间将发生化学、电化学反应,产生大量的热量与气体,使得电池内部压力达到一定程度,可能导

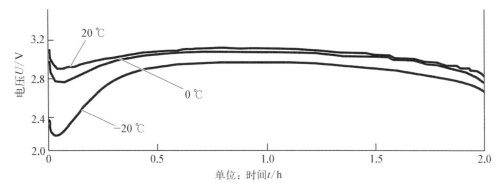

图 4-5 在 -20 ℃、0 ℃、20 ℃ 下放电特性图

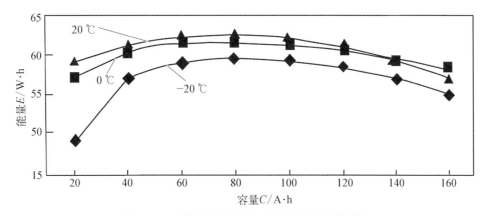

图 4-6 不同的放电结束电流下容量和能量图

致电池着火,甚至爆炸。

提高锂电池安全性的措施:

(1) 使用安全型锂电池电解质。

采用阻燃电解液。使用固体电解质,代替有机液态电解质。

(2) 提高电极材料热稳定性。

① 在负极材料的表面包覆,如在石墨表面包覆无定形碳或金属层。

② 在电解液中添加成膜添加剂,在电极材料表面形成稳定性较高的 SEI 膜,这有利于获得更好的热稳定性。

③ 通过体相掺杂、表面处理等手段提高正极材料热稳定性。

4. 热特性

1) 生热机制

锂电池内部产生的热量主要由四部分组成:反应热 $Q_r$、极化热 $Q_p$、焦耳热 $Q_J$ 和分解热 $Q_S$。

(1) 反应热。

反应热是锂离子动力电池在充放电过程中,锂离子嵌入和脱出电极时发生电化学反应所产生的热量,表达式为

$$Q_r = \int i_L T \frac{dE_{ocv}}{dT} dt \tag{4-4}$$

式中，$E$ 为电极材料的开路电势；$\frac{dE_{ocv}}{dT}$ 为电极材料的熵热系数。

（2）焦耳热。

焦耳热是电流流经动力电池时，电池欧姆内阻产生的热量。电池欧姆内阻包括导电极耳、集流体、活性物质间的接触电阻、电极内阻和电解液内阻。焦耳热是电池充放电过程中产生热量的主要部分，表达式为

$$Q_J = \int i_L^2 R_i dt \tag{4-5}$$

（3）极化热。

电流流经锂离子动力电池时，电池会因负载电流的通过而出现电极电位偏离平衡电极电位的现象，在此过程中产生的热量即为极化热，表达式为

$$Q_D = \int i_D^2 R_D dt \tag{4-6}$$

（4）副反应热。

副反应热包括动力电池在电解液分解、自放电、过充电、过放电等过程中产生的热量。锂离子动力电池在正常工作范围内的副反应热可以忽略不计。

综上，锂离子动力电池产生的总热量为

$$Q_Z = Q_r + Q_J + Q_D = \int i_L^2 R_i dt + \int i_D^2 R_D dt + \int i_L T \frac{dE_{ocv}}{dT} dt \tag{4-7}$$

2）放电温升特性

在常温下，以 0.3 C 倍率的电流充满电，然后在常温下分别以 0.3 C、0.5 C 和 1 C 倍率放电时，某磷酸铁锂离子电池正极耳处的温升曲线如图 4-7 所示，放电截止电压为 2.5 V。

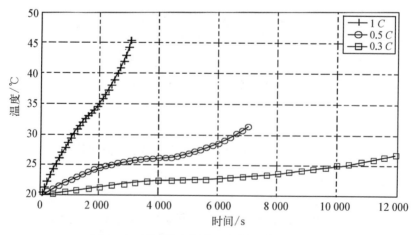

图 4-7　不同放电倍率正极柱处的温升曲线

当电池放电电流越大时,正极耳处的温度上升就越快,并且温度极值也越高。这说明放电电流越大时,损耗的热能就越多,降低了放电效率。0.3 C 与 1 C 倍率放电峰值温度相差18.9 ℃,在环境温度不变并且没有采用散热措施的情况下,要减小温度升高的幅度,必须减少放电电流。因此,如果在环境温度较高,并且电池大功率放电的情况下,必须采用散热措施,以避免安全问题。

3)充电温升特性

在常温下以 0.3 C 倍率电流放电结束后,再在常温下分别以 0.3 C、0.5 C 和 1 C 倍率恒流和 3.8 V 恒压采用恒流限压方式充电时,某磷酸铁锂离子电池的正极柱处的温升曲线如图 4-8 所示。

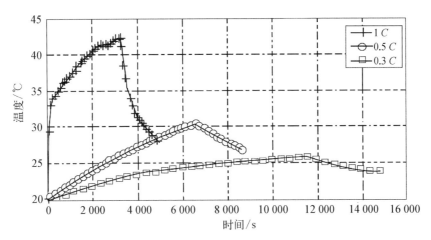

图 4-8　不同充电倍率正极柱处的温升曲线

恒流充电开始阶段,内阻较大,从而生热速率较大,温升较快。随后,恒流充电后期温升速率放缓,这主要是因为温度和 SOC 值上升后,电池内阻值减小,从而生热速率减小,温升放缓。等到恒流充电结束时刻,电池正极柱温度达到峰值。充电倍率越大,电池温度上升越快,并且温度峰值也越大。

4)温度对锂电池使用性能的影响

温度对可用容量比率的影响。正常应用温度范围内,锂电池温度越高,工作电压平台越高,电池的可用容量越多。但是长期在高温下工作会造成锂电池的容量迅速下降,从而影响电池的使用寿命,并极有可能造成电池热失控。

温度对电池内阻的影响。直流内阻是表征动力电池性能和寿命状态的重要指标。电池内阻较小,在许多工况常常忽略不计,但动力电池处于电流大、深放电工作状态,内阻引起的压降较大,此时内阻的影响不能忽略。

磷酸铁锂离子电池充放电直流内阻变化曲线如图 4-9、图 4-10 所示。从图中看出,低温状态下整个放电过程中直流内阻变化量明显,而高温状态下变化量则小得多。但是,放电和充电直流内阻变化的趋势是相同的,均随温度的升高而降低,随 SOC 的增大而减小。

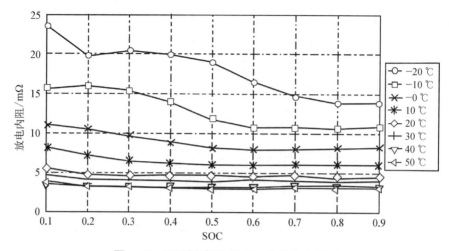

图 4 - 9　不同温度和 SOC 下的放电内阻图

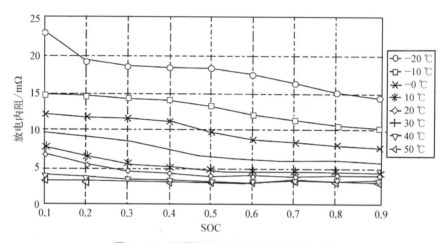

图 4 - 10　不同温度和 SOC 的充电内阻图

## 4.2　三元锂电池

锂电池主要由正极材料、负极材料、电池隔膜、电解质以及电池壳体等几个部分组成。其中,正极材料是锂电池的关键部分,直接决定锂电池的能量密度和安全性,影响锂电池的综合性能。正极材料在锂电池材料成本中占比高达 30%～40%,降低正极材料成本是降低锂电池成本的关键途径。根据材料体系,锂电池的主流正极材料可分为钴酸锂、锰酸锂、磷酸铁锂和三元材料。其中三元材料是以金属盐为原料,经过调配混料等多道工序制成三元材料前驱体,再与碳酸锂、氢氧化锂等锂盐混合,经过烧结、粉碎等工序制成的复合材料。与钴酸锂、锰酸锂、磷酸铁锂相比,三元材料在比容量、循环寿命、能量密度、安全性和成本等方面的综合优势更显著,因此被广泛应用于新能源纯电动乘用车和 3C 数码产品领域。三元材

料一般分子式为 $Li(Ni_aCo_bX_c)O_2$，其中 $a+b+c=1$。三元材料的主流分类方式是以具体材料 X 划分。当 X 为铝（Al）时，三元材料指镍钴铝（NCA）三元材料；当 X 为锰（Mn）时，三元材料指镍钴锰（NCM）三元材料。此外，根据镍（Ni）元素的相对含量高低，镍钴锰三元材料又可细分为 NCM333（亦称 NCM111）、NCM523、NCM622 和 NCM811 四种主流型号。如果镍元素的相对含量更高，镍钴锰三元材料的综合性能更强，同时技术工艺门槛更高。

1. 能量密度

三元锂电池的能量密度大，电压更高，18650 电池的能量密度为 232 Wh/kg。而相比之下，目前国内主流的磷酸铁锂电池能量密度也仅达到 150 Wh/kg 左右。

2. 安全性

对于三元锂电池而言，其电池管理系统、散热系统至关重要。但磷酸铁锂遭到 350 ℃的高温也不会起火。

3. 耐温性能

三元锂电池耐低温性能更好，在 $-20$ ℃时，三元锂电池能够释放 70.14% 的容量，而磷酸铁锂电池只能释放 54.94% 的容量（见表 4-4）。

表 4-4　电池容量比较

| 电　　池 | 温度/℃ | 容量/Ah | 放电平台/V | 相对于 25 ℃的容量 |
|---|---|---|---|---|
| 三元材料电池 | 55 | 8.581 | 3.668 | 99.36% |
|  | 25 | 8.636 | 3.703 | 100.00% |
|  | -20 | 6.058 | 3.411 | 70.14% |
| 磷酸铁锂材料电池 | 55 | 7.870 | 3.271 | 100.00% |
|  | 25 | 7.860 | 3.240 | 100.00% |
|  | -20 | 4.320 | 2.870 | 54.94% |

4. 循环寿命

磷酸铁锂电池包循环寿命要优于三元锂电池，三元锂电池的理论寿命是 2 000 次，但基本上到 1 000 次循环时，容量衰减到 60%；如特斯拉电池，经过 3 000 次循环也只能保持 70% 的电量，而磷酸铁锂电池经过相同循环周期，还有 80% 的容量。但是，三元锂电池在不断加强的电池管理技术支持下，寿命逐渐得到提高。

## 4.3　镍氢电池

镍氢电池具有高比能量、高功率、适合大电流放电、可循环充放电、无污染等优点，被誉为"绿色电池"。与锂离子蓄电池相比,镍氢电池具有大功率技术成熟、安全及可靠性好、循环利用率高、成本低等优势。镍氢电池在工业用电池领域,特别是在大功率工业用动力蓄电池领域正逐步占据市场主导地位。

### 4.3.1　镍氢电池结构

镍氢电池是 20 世纪 90 年代发展起来的一种新型绿色电池,因具有能量高、使用寿命长、无污染等特点而成为世界各国竞相发展的高科技产品之一。镍氢(Ni-MH)电池与镍镉(Ni-Cd)电池有许多相同的特性,但由于无镉,所以不存在金属污染问题,被称为"绿色电池"。镍氢电池的电量储备比镍镉电池多 30%,比镍镉电池重量轻、使用寿命长,并且对环境无污染。镍氢电池的缺点是价格比镍镉电池要贵许多,性能比锂离子蓄电池差。镍氢电池主要由电极材料、电解液、金属材料及隔膜组成,正、负极及电解液材料的差异使电池有不同的性能,其中正极材料决定了电池的容量,负极材料决定了大电流或高温工作时,电池充放电的稳定性。其负电极为经吸氢处理后的储氢合金,正电极为氢氧化镍,电解液为碱性电解液。

目前,镍氢电池产品主要有圆柱形、扣式和方形三类。不论哪种结构的电池,均由外壳、正极片、负极片以及正极极耳(导电带)、密封圈、放气阀帽(正极)、隔膜等组成。

### 4.3.2　镍氢电池工作原理

镍氢蓄电池的反应原理如图 4-11 所示,镍氢电池是一种碱性电池。镍氢电池和同体积的镍镉电池相比,容量增加一倍,充放电循环寿命也较长,并且无记忆效应。镍氢电池正极板的活性物质为 NiOOH(放电时)和 $Ni(OH)_2$(充电时),负极板的活性物质为 $H_2$(放电时)和 $H_2O$(充电时),电解液采用 30% 的氢氧化钾溶液,电化学反应如下:

负极反应式:
$$x H_2O + M + xe^- \underset{\text{放电}}{\overset{\text{充电}}{\rightleftharpoons}} x OH^- + MH_x \qquad (4-8)$$

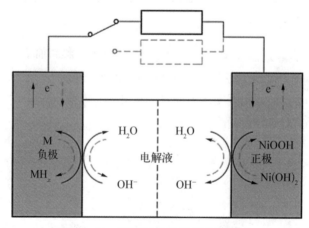

图 4-11　镍氢蓄电池的反应原理图

正极反应式：
$$Ni(OH)_2 + OH^- \underset{\text{放电}}{\overset{\text{充电}}{\rightleftharpoons}} NiOOH + H_2O + e^- \qquad (4-9)$$

电池反应式：
$$xNi(OH)_2 + M \underset{\text{放电}}{\overset{\text{充电}}{\rightleftharpoons}} xNiOOH + MH_x \qquad (4-10)$$

镍氢电池的电解液多采用 KOH 水溶液，并加入少量的 LiOH。隔膜采用多孔维尼纶无纺布或尼龙无纺布等。为了防止充电过程后期电池内压过高，电池中装有防爆装置。当镍氢电池过充电时，金属壳内的气体压力将逐渐上升。当该压力达到一定数值后，顶盖上的限压安全排气孔打开，可以避免电池因气压过大而爆炸。

### 4.3.3　镍氢电池特性

1. 镍氢电池的优点

(1) 功率性能好。镍氢电池内部使用了大量的金属材料，导电性能良好，可以适应大功率放电，目前比功率达到 1 500 W/kg 以上。

(2) 低温性能好。采用无机电解液体系，低温性能相对比锂系列电池好。

(3) 循环寿命长。

(4) 无污染。

(5) 耐过充、过放。

(6) 应用比较成熟。目前商业化的混合电动汽车如丰田 Prius、本田 Insiggt 混合电动汽车使用的均为镍氢电池。

(7) 管理系统相对简单。电池耐过充电和过放电能力比较强，不必监测每只单体电池的电压。电池在充电过程中可以通过和消耗气体（氧气）的副反应来实现自均衡，不必采用特别的均衡电路。

(8) 具有较高的回收价值。

2. 镍氢电池的缺点

(1) 电池的热效应。镍氢电池在电动汽车应用中遇到的主要问题为热问题。主要原因有两个：一是镍氢电池本身的充电反应是一个放热反应，充电过程中产生的热量达到 949 J/(A·h)。二是充电效率低，镍氢电池即使在空态下，充电效率也达不到 100%，充电量超过 80% 后，副反应速度很快增加，产热速度迅速上升，严重时会带来热失控问题。充电电流越大，充电效率越低，产生的热量越多。

(2) 蓄电池比能量较低。比能量一般为 50～70 W·h/kg，虽然是铅酸电池的 2～3 倍，但与锂系列电池相比较，相差较大。

(3) 标称电压低。标称电压为 1.2 V，若用来组合成数百伏的车用动力电源系统，就需要更多的电池串联，对蓄电池的一致性、可靠性要求更高。

(4) 高温充电性能差。高温下充电效率降低，反应效率的降低推动蓄电池温度的进一步升高，最终可能会出现热失控而出现安全问题。

(5) 自放电大。在常用的铅酸、镍氢、锂系列动力蓄电池中，镍氢电池的自放电是比较大的。一般充满电在常温下搁置 28 天时自放电达到 10%~30%。

（6）材料成本高。镍氢电池中使用了大量较贵重的金属如镍、钴等，电池原材料成本比较高。

3. 镍氢电池的主要特性

镍氢电池的主要特性包括充电特性、放电特性、循环寿命特性、存储特性和安全特性。

1）充电特性

镍氢电池的充电特性（见图 4 - 12）受充电电流、充电时间、充电温度及其他因素的影响。增大充电电流和降低充电温度会导致蓄电池充电电压上升。充电效率会随充电电流、充电时间和充电温度变化而变化。一般采用不大于 1 C 的恒定电流充电，充电时环境温度一般为 0~40 ℃，在 10~30 ℃充电能获得较高的充电效率。如果经常在高温环境中对蓄电池充电，会导致蓄电池性能降低。另外，反复的过充电也会降低蓄电池的性能。对于快速充电，充电控制系统是必不可少的。

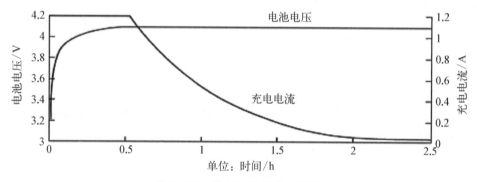

图 4 - 12　镍氢电池的充电特性

2）放电特性

镍氢电池的放电性能随放电电流、温度和其他因素的改变而变化，如图 4 - 13 所示。蓄电池的放电特性受电流/环境温度等因素的影响，电流越大，温度越低，蓄电池放电电压和放电效率都会降低，蓄电池的最大连续放电电流为 3 C。蓄电池的放电截止电压一般设定为 0.9~1.1 V/单格，如果截止电压设定得太高，则蓄电池容量不能被充分利用，反之，则容易引起蓄电池过放。

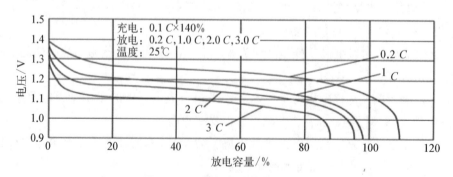

图 4 - 13　镍氢电池的放电性能

3）循环寿命特性

镍氢电池的循环寿命受充放电深度、温度和使用方法的影响，如图 4 - 14 所示。当按照 IEC 标准充、放电时，充、放电循环可以超过 500 次。不同的充电方式，如快速充电以及实际工作的充电方式都会影响到电池的实际循环寿命。

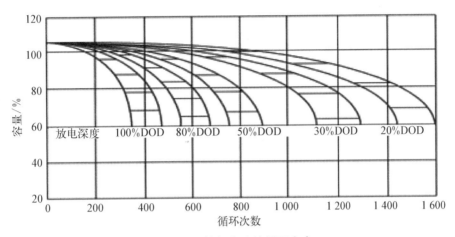

图 4 - 14　镍氢电池的循环寿命

4）存储特性

蓄电池的存放特性包括自放电特性和长期存放特性。自放电特性指蓄电池充足电开路存放时容量损失的现象。自放电特性主要受环境温度的影响，温度越高，蓄电池存放后容量损失越大。

蓄电池长时间（如一年）存放后，初次使用时容量可能会比存放前的容量小，但经过几次充放循环后，能恢复到存放前的容量。

5）安全特性

如果蓄电池因为不正当的使用，如过充、短路或者反充，造成内部压力升高，一个可恢复的安全阀将会打开，降低内部压力，从而防止蓄电池爆炸。

4. 镍氢电池的使用注意事项

1）充电注意事项

（1）充电环境温度。环境温度会影响充、放电效率。当蓄电池在 $10\sim30$ ℃的环境下充电时，具有最佳的充电效果。若在 0 ℃以下充电，蓄电池中消气反应的速度将会减慢，造成内压过高使安全阀打开，有可能引起电解液泄漏使蓄电池性能和使用寿命降低。若在 40 ℃以上充电，则充电效率会大大降低，过高的充电温度也会引起蓄电池漏液和性能降低。蓄电池中的电解液是强碱溶液，对皮肤和衣物都有腐蚀。当皮肤和衣物不慎沾染到电解液时，应立即用清水冲洗。

（2）禁止反极充电。当蓄电池反极充电时，内部会产生大量气体使内压急剧上升，有可能使安全阀来不及动作而造成蓄电池破裂甚至爆炸。

（3）快速充电。快速充电的电流不能超过 $1C$，快速充电时，一定要选用有自动截止或转换功能的充电器,若不对快速充电加以控制,蓄电池会因大电流过充电导致过热、漏液,甚至爆炸。

(4)涓流充电。涓流充电的电流一般为 $1/30\sim1/20\,C$。时间限定一般不超过 20 h。

2)放电注意事项

(1)镍氢蓄电池可以在$-20\sim60$ ℃的环境中放电,适宜的放电温度为 $0\sim40$ ℃。

(2)蓄电池最适宜的放电电流为 $0.1\sim1\,C$,最大连续放电电流一般不超过 $3\,C$,过高的放电电流会降低蓄电池的放电效率,也会引起蓄电池发热。

(3)蓄电池不允许过放电,过放电会引起蓄电池漏液,缩短蓄电池的使用寿命,严重时还会导致蓄电池破裂或爆炸。

### 5. 镍氢蓄电池的存放

研究表明,镍氢蓄电池充电态储存比放电态储存更能保持蓄电池的性能,因此,存放蓄电池时最好先将蓄电池充电。蓄电池短期存放不超过 3 个月时,可以将蓄电池存放在$-20\sim45$ ℃,相对湿度为 $45\%\sim85\%$且无腐蚀的场所,过高的温度易导致蓄电池漏液,使蓄电池性能降低,过高的湿度易引起蓄电池金属件的腐蚀。蓄电池长期存放的环境温度最好维持在$-10\sim30$ ℃。蓄电池经长期存放后初次使用时,容量可能会比存放前低,经过几次充放电使用后,蓄电池就能恢复存放以前的性能。如果蓄电池存放期超过半年,建议每半年至少对蓄电池进行充放处理一次。

## 4.4　动力电池分析测试

### 4.4.1　动力电池基本测试内容

#### 1. 静态容量检测

该测试的主要目的是确定车辆在实际使用时,动力电池组具有充足的电量和能量,满足各种预定放电倍率和温度下正常工作。主要的试验方法为恒温条件下恒流放电测试,放电终止以动力电池组电压降低到设定值或动力电池组内的单体一致性(电压差)达到设定的数值为准。

#### 2. 动态容量检测

电动汽车在行驶过程中,动力电池的使用温度、放电倍率都是动态变化的,该测试主要检测动力电池组在动态放电条件下的能力。其主要表现为不同温度和不同放电倍率下的能量和容量。其主要测试方法采用设定的变电流工况或实际采集的车辆应用电流变化曲线,进行动力电池组的放电性能测试,试验终止条件根据试验工况以及动力电池的特性有所调整,基本也是遵循电压降低到一定的数值为标准。该方法可以更加直接和准确地反映电动汽车的实际应用需求。

#### 3. 静置试验

该测试目的是检测动力电池组在一段时间未使用时的容量损失,用来模拟电动汽车一段时间没有行驶而电池开路静置时的情况。静置试验也称自放电及存储性能测试,是指在开路状态下,电池存储的电量在一定环境条件下的保持能力。

**4. 启动功率测试**

由于汽车启动功率较大,为适应不同温度条件下的汽车启动需要,对动力电池组进行低温(−18 ℃)启动功率和高温(50 ℃)启动功率测试。该项测试除了在设定温度下进行以外,为了能够确定电池在不同荷电状态下的放电能力,一般还设定 SOC 值。常见的测试 SOC 为 90%、50% 和 20% 时进行功率测试。

**5. 快速充电能力**

该测试的目的是通过对动力电池组进行高倍率充电来检测电池的快速充电能力,并考察其效率、发热及对其他性能的影响。对于快速充电,美国先进电池联盟(USABC)的目标是 15 min 内电池 SOC 从 40% 恢复到 80%。目前日本电动汽车快速充电器协会(CHADeMO)制定标准要求电动汽车动力电池组充电 10 min 左右可保证车辆行驶 50 km,充电时间超过 30 min 可保证车辆行驶 100 km。

**6. 循环寿命测试**

电池的循环寿命直接影响电池的使用经济性。当电池的实际容量低于初始容量或是额定容量的 80% 时,即视为动力电池寿命终止。

该测试采用的主要测试方法是在一定的条件下进行充放电循环,以循环的次数作为其寿命的指标。

由于动力电池的寿命测试周期比较长,一般试验下来需要数月甚至一年的时间。因此,在实际操作中,经常采用确定测试循环数量,测定容量衰减情况,并据此数据进行线性外推、加速电池老化等方法进行测试。

**7. 安全性测试**

电池的安全性能是指电池在使用及搁置期间对人和装备可能造成伤害的评估。尤其是电池在滥用时,由于特定的能量输入,导致电池内部组成物质发生物理或化学反应而产生大量的热量,如热量不能及时散逸,可能导致电池热失控。热失控会使电池发生毁坏,如猛烈的泄气、破裂,并伴随起火,从而造成安全事故。在众多化学电源中,锂电池的安全性尤为重要。

**8. 电池振动测试**

该测试的目的是检测由于道路引起的频繁振动和撞击对动力电池及动力电池组性能和寿命的影响。电池振动测试主要考察动力电池(组)对振动的耐久性,并以此作为指导改正动力电池(组)在结构设计上不足的依据。振动试验中的振动模式一般使用正弦振动或随机振动两种。由于动力电池(组)主要是装载于车辆上使用,为更好地模拟电池的使用工况,一般采用随机振动。

## 4.4.2　动力电池安全性测试评价

2015 年 5 月,中国国家标准化管理委员会公布了 GB/T 31485、GB/T 31486、GB/T 31487、GB/T 31467.1、GB/T 31467.2、GB/T 31467.3 共 6 项关于电动汽车用动力蓄电池的国家标准。标准涉及单体、模块、系统 3 个层级,共计 60 项测试项目,由此可见国家对电池检测要求日趋严格。2017 年,又有 3 项动力电池国家标准获批发布,分别为 GB/T 34013—

2017、GB/T 34014—2017、GB/T 34015—2017，3 项标准于 2018 年 2 月 1 日起实施。除了目前已经发布、实施的标准法规，2017 年 7 月 1 日，国标 GB/T 31467.3—2015 被《新能源汽车生产企业及产品准入管理规定》引用，作为新能源汽车准入需要规范的项目之一。

在动力电池安全性方面，已发布实施了 GB/T 31467.3—2015《电动汽车用锂离子动力蓄电池包和系统　第 3 部分：安全性要求与测试方法》，主要是对动力电池系统安全性从机械安全性、环境安全性和电安全性 3 个方面进行了要求，前 6 个测试项目为机械安全性检验，第 7～12 测试项目为环境安全性检验，最后 4 个为电安全性检验，具体如表4-5 所示。已发布的 GB/T 31485—2015《电动汽车用动力蓄电池安全性要求及试验方法》主要是对电池单体和模块安全性的要求，从容易导致热失控发生的电滥用、机械滥用和环境滥用 3 个方面的相关情况给出了 10 项检验项目。具体如表 4-6 所示。

表 4-5　GB/T 31467.3—2015《电动汽车用锂离子动力蓄电池包和系统第 3 部分：安全性要求与测试方法》

| 序号 | 测试项目 | 适用范围 | 试验方法 | 判定标准 |
|------|----------|----------|----------|----------|
| 1 | 振动试验 | 蓄电池包或系统<br>蓄电池包或系统电子装置 | 7.1.1<br>7.1.2 | |
| 2 | 机械冲击 | 蓄电池包或系统 | 7.2 | |
| 3 | 跌落 | 蓄电池包或系统 | 7.3 | 无泄漏 |
| 4 | 翻转 | 蓄电池包或系统 | 7.4 | 无外壳破裂 |
| 5 | 模拟碰撞 | 蓄电池包或系统 | 7.5 | 无着火 |
| 6 | 挤压 | 蓄电池包或系统 | 7.6 | 无爆炸 |
| 7 | 温度冲击 | 蓄电池包或系统 | 7.7 | 无泄漏 |
| 8 | 湿热循环 | 蓄电池包或系统 | 7.8 | 无外壳破裂、着火、爆炸 |
| 9 | 海水浸泡 | 蓄电池包或系统 | 7.9 | 无着火、爆炸 |
| 10 | 外部火烧 | 蓄电池包或系统 | 7.10 | 无爆炸 |
| 11 | 盐雾 | 蓄电池包或系统 | 7.11 | 无泄漏、外壳破裂 |
| 12 | 高海拔 | 蓄电池包或系统 | 7.12 | 无破裂、着火、爆炸 |
| 13 | 过温保护 | 蓄电池包或系统 | 7.13 | 管理系统起作用，无泄漏、外壳破裂、着火、爆炸 |
| 14 | 短路保护 | 蓄电池包或系统 | 7.14 | |
| 15 | 过充电保护 | 蓄电池系统 | 7.15 | |
| 16 | 过放电保护 | 蓄电池系统 | 7.16 | |

表 4 - 6　GB/T 31485—2015《电动汽车用动力
蓄电池安全性要求及试验方法》

| 序号 | 检验项目 | 判定标准 | 检验周期 | 蓄电池编号 |
|---|---|---|---|---|
| 1 | 过放电 | 不起火、不爆炸、不漏液 | 2 天 | |
| 2 | 过充电 | 不起火、不爆炸 | 2 天 | |
| 3 | 短路 | 不起火、不爆炸 | 2 天 | |
| 4 | 跌落 | 不起火、不爆炸、不漏液 | 2 天 | |
| 5 | 加热 | 不起火、不爆炸 | 2 天 | 单体每项 2 只，模块每项 1 组 |
| 6 | 挤压 | 不起火、不爆炸 | 2 天 | |
| 7 | 针刺 | 不起火、不爆炸 | 2 天 | |
| 8 | 海水浸泡 | 不起火、不爆炸 | 2 天 | |
| 9 | 温度循环 | 不起火、不爆炸、不漏液 | 2 天 | |
| 10 | 低气压 | 不起火、不爆炸、不漏液 | 2 天 | |

对于电池安全性能的考核指标，目前普遍采用分级评价方法，如表 4-7 所示。

表 4 - 7　电池危险等级及描述

| 危险等级 | 定　义 | 分类方法依据 |
|---|---|---|
| 0 | 无影响 | 对样品无影响，无功能损伤 |
| 1 | 被动保护激活 | 无危险或伤害，电池样品出现可逆转的毁坏情况，需要修复被动保护装置才能恢复正常 |
| 2 | 毁坏 | 对电池造成伤害，电池样品出现不可逆转的毁坏，需要修复和替换 |
| 3 | 泄漏，质量损失＜50% | 电池泄露或排气，且质量损失＜电解液质量的 50% |
| 4 | 喷气，质量损失＞50% | 电池泄露或排气，且质量损失＞电解液质量的 50% |
| 5 | 破裂 | 电池壳体机械完整性遭到损坏，部分物质溢出，但是未发生热失控现象 |
| 6 | 着火 | 产生的气体或液体持续的燃烧或点火，持续时间大于 1 s |
| 7 | 爆炸 | 快速的能量释放，产生压力波和飞溅物质，对电池产生严重的结构破坏 |

测试主要包括过充、过放、外部短路、强制放电等电测试;落体冲击、针刺、振动、挤压、加速等机械测试;着火、沙浴、油浴、热冲击等热测试;降压、高度、浸泡、耐菌性等环境测试。

**1. 标准充电方法**

电池在$(20\pm5)$℃条件下以$1I_3$(A)电流恒流充电,至电池电压达到 4.2 V 时转恒压充电,至充电电流降至$0.1I_3$时停止充电。

**2. 过放电试验**

电池在$(20\pm5)$℃条件下以$1I_3$(A)电流恒流充电,至电池电压达到 4.2 V 时转恒压充电,至充电电流降至$0.1I_3$时停止充电。静置 1 h,在$(20\pm5)$℃条件下以$1I_3$(A)电流恒流放电,至电池电压达到 0 V 时,电池应不漏液、不起火和不爆炸。

**3. 过充电试验**

电池按上述方法放电后,可按以下两种充电方式进行试验。

以$3I_3$(A)电流充电,至蓄电池电压达到 5 V 或充电时间达到 90 min(任何一个条件先达到即可停止充电)。

以$9I_3$(A)电流充电,至蓄电池电压达到 10 V 或充电时间达到 90 min(任何一个条件先达到即可停充),电池应不漏液、不起火和不爆炸。

**4. 短路试验**

电池按上述方式充电后,将电池经外部短路 10 min,外部线路电阻应小于 5 mΩ。电池应不漏液、不起火和不爆炸。

**5. 跌落试验**

电池按上述方法充电后,电池在$(20\pm5)$℃条件下,从 1.5 m 高度处自由落到厚度为 20 mm 的硬木板上,电池每个面进行一次,电池应不漏液、不起火和不爆炸。

**6. 加热试验**

电池按上述方法充电后,将其置于$(85\pm5)$℃的恒温箱内,并保持 120 min,电池应不漏液、不起火和不爆炸。

**7. 挤压试验**

电池完全充电后,垂直于蓄电池极板方向,以面积不小于 20 cm² 的挤压头施压,直至蓄电池壳体破裂或内部短路(蓄电池电压变为 0 V)。挤压试验时,蓄电池应不爆炸、不起火。

**8. 针刺试验**

电池按上述方法充电后,用直径为 3~8 mm 耐高温钢针,以 10~40 mm/s 的速度,从垂直于电池极板的方向贯穿,并停留在电池中,电池应不漏液、不起火和不爆炸。

### 4.4.3　动力电池电化学性能测试评价

动力电池电化学性能测试评价主要包括容量、内阻、电压、自放电、存储性能、高低温性能、循环性、充放电性能等。

**1. 容量**

影响因素:温度、充放电电流、终止电压、充放电设备的精度等。

常温测试：电池在(20±5)℃的温度下以 1 C 电流放电到终止电压所获得的容量。

高温测试：电池在(55±5)℃的温度下以 1 C 电流放电到终止电压所获得的容量。

2. 内阻

影响因素：电池结构、原材料、电解质溶液含量、荷电状态等。

交流法测内阻：通过交流内阻测试仪器进行测量。

动态法测内阻：通过脉冲试验的方法测试。

3. 平台电压、平台容量

影响因素：原材料性能、电池内阻等。

平台电压：电池放电过程中电压变化最慢的一段时间锂电池的电压。平台电压决定了电池使用中的有效容量大小。

平台容量：电池放电至平台电压时的放电容量。

4. 倍率性能(不同电流值下充放电能力评价)

测试锂电池在不同电流值下的充电容量和放电容量,可以了解锂电池的倍率性能。

若纯电动车用动力电池在使用过程中一般为 0.3 C 倍率放电时可以循环 500 次,则在 0.5 C 倍率或更高倍率下放电可能直接影响电池的使用寿命。

5. 循环寿命

影响因素：电极材料、电解质溶液、隔膜及制造工艺,电池使用过程中的温度、充放电倍率、充放电制度、保护电路的耗电量、负载的耗电量等。

6. 搁置性能

影响因素：电池制造工艺、材料及存储条件等。

衡量指标：荷电保持能力(自放电率)、容量恢复能力。

测试方法：电池充满电后搁置 28 天,检测电池自放电情况和容量恢复情况。

### 4.4.4　电池成组测试

相似于单体电池的检测参数,电池成组和模块化使用中的主要参数仍然包括电压、内阻、容量、循环寿命等,不同的是测试时需要大电流高电压的测试设备,检测内容和检测目的也有所不同,主要检测电池模块的动态容量、功率密度、电压一致性、内阻一致性、倍率充放电性能、循环寿命、搁置和存储性能等。

## 4.5　动力电池管理系统结构与原理

电动汽车的电池管理系统(battery management system,BMS)是用来对蓄电池组进行安全监控及有效管理,提高蓄电池使用效率。对于电动汽车而言,通过该系统对电池组充、放电的有效控制,可以达到增加续驶里程、延长使用寿命、降低运行成本的目的,并保证动力电池组应用的安全性和可靠性。动力电池管理系统已经成为电动汽车必不可少的核心部件之一。

### 1. 结构

设计电动汽车时,通常需要满足一定的加速能力、爬坡能力和最高车速等动力性指标,若只配备单个动力电池单体作为能量源是远远无法达到要求的。因此,工程上通常将动力电池单体进行串并联成组,以满足车辆设计的技术要求。例如,特斯拉 Model S 电动汽车采用松下公司制造的 NCA 系列 18650 镍钴铝三元锂离子动力电池,电池单体的标称容量为 3 100 mA·h,全车共采用了 7 000 多个电池单体进行串并联成组,最终组成一个动力电池包,并安置于车身底板。面对大规模的动力电池管理问题,BMS 的拓扑结构非常重要。

BMS 的拓扑结构直接影响系统成本、可靠性、安装维护便捷性以及测量准确性。一般情况下,电池监测回路(battery monitoring circuit,BMC)与电池组控制单元(battery control unit,BCU)共同构成硬件电路部分。根据 BMC、BCU 与动力电池单体三者之间的结构关系,BMS 可分为集中式拓扑结构和分布式拓扑结构。

#### 1) 集中式 BMS 拓扑结构

集中式 BMS 拓扑结构中的 BMC 和 BCU 集成在单个电路板上,实现采集、计算、安全监控、开关管理、充放电控制以及与整车控制器通信等功能,一般应用于动力电池容量低、总压低、电池系统体积小的场合。集中式 BMS 拓扑结构如图 4 - 15 所示,所有动力电池单体的测量信号被集中传输到单个电路板。集中式 BMS 拓扑结构一般具有如下优点:

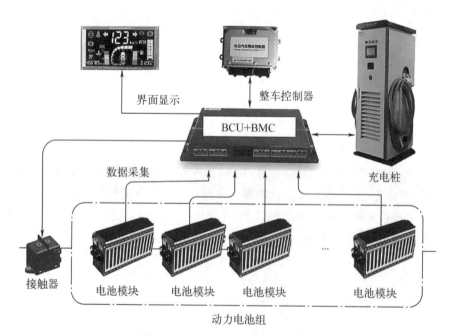

**图 4 - 15　集中式 BMS 拓扑结构**

(1)高速的板内通信有利于保证数据的同步采集。

(2)结构紧凑,抗干扰能力强。

(3)成本较低,仅使用一个封装即可完成 BMS 的全部工作。

同时，集中式 BMS 拓扑结构也存在以下缺点：

（1）容易造成大量复杂的布线。

（2）当系统的不同部分发生短路和过电流时难以保护电池系统。

（3）考虑到高压安全问题，不同通道之间必须保留足够的安全间隙，最终导致电路板的尺寸过大。

（4）由于所有的组件都集中在单一电路板上，可扩展性和可维护性差。

2）分布式拓扑结构

与集中式拓扑结构不同，分布式 BMS 中的 BCU 与 BMC 是分开布置的，如图 4-16 所示。BCU 主要负责故障检测、电池状态估计、开关管理、充放电控制以及与整车控制器通信；BMC 则用于实现电池单体电压、电流和温度的采集以及安全性和一致性的管理。BCU 和 BMC 之间通过 CAN 总线连接，任何 BMC 都可以与 BCU 通信。此外，每一块 BMC 电路板都属于 CAN 总线的一个节点，且单独与对应的动力电池单体建立连接。因此，BMC 与 BMC 之间同样可以建立通信。

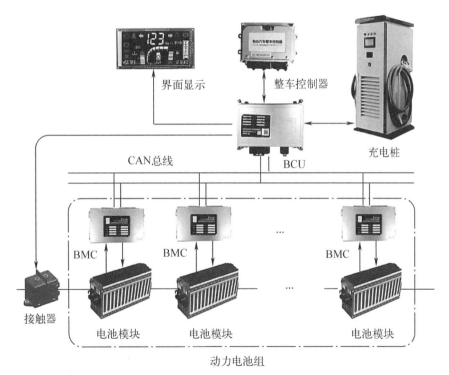

**图 4-16  分布式 BMS 拓扑结构**

分布式 BMS 拓扑结构一般具有如下优点：

（1）采集与计算功能分离，故障排查容易，计算效率高。

（2）极大简化了系统的结构，布置位置灵活，适用性好。

（3）可扩展性更强，若想要增加或减少管理的电池数量，只需要在相应电池附近布置或移除 BMC 电路板，再将它与预留的 CAN 总线接口相连或解开即可。

同时,分布式 BMS 拓扑结构也存在以下缺点:

(1) 部件增多,增加了电路板数量和安装、调试与拆解的步骤。

(2) 通信网络设计要求高,易形成网络延时,影响采集数据的同步性。

目前,分布式 BMS 拓扑结构在电动汽车领域中的应用最为广泛。例如,特斯拉 Model S、宝马 i3、荣威 eRX5 以及比亚迪秦等商业化电动汽车均采用了这类结构。

2. BMS 工作原理

典型的电动汽车动力电池组管理系统的工作原理如图 4-17 所示。BMS 由各类传感器、执行器、固化有各种算法的控制器以及信号线等组成。其主要任务是确保动力电池系统的安全可靠,提供汽车控制和能量管理所需的状态信息,而且在出现异常情况下对动力电池系统采取适当的干预措施;通过采样电路实时采集电池组以及各个组成单体的端电压、工作电流、温度等信息;运用既定的算法和策略估算电池组 SOC、SOH、SOP 以及剩余寿命等,并将参数输出到电动汽车整车控制器,为电动汽车的能量管理和动力分配控制提供依据。

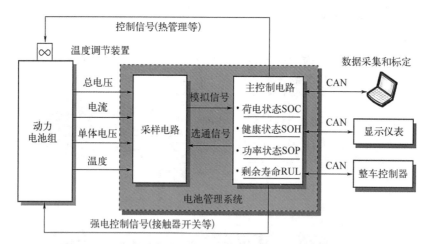

图 4-17　典型的电动汽车动力电池组管理系统的工作原理

3. BMS 功能

BMS 的功能主要包括数据采集、状态估计、能量管理、安全管理、热管理、故障诊断、数据通信等,如图 4-18 所示。

1) 数据采集

电池管理系统的所有算法都是以采集的动力蓄电池数据作为输入,采样速率、精度和前置滤波特性是影响电池管理系统性能的重要指标,如图 4-19 所示。电动汽车电池管理系统的采样速率一般要求大于 200 Hz(500 ms)。

2) 状态估计

状态估计主要是电池均衡管理,包括电池组荷电状态(state of charge,SOC)和电池组的健康状态(state of health,SOH)两方面。SOC 用来提示动力蓄电池组剩余电量,是计算和估计电动汽车续驶里程的基础,如图 4-20 所示。SOH 用来提示电池技术状态,预计可用寿命等健康状态的参数。

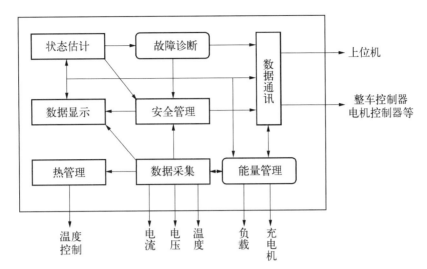

图 4 – 18　电池管理系统的功能图

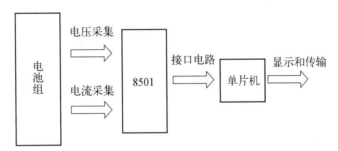

图 4 – 19　电池管理系统的采样图

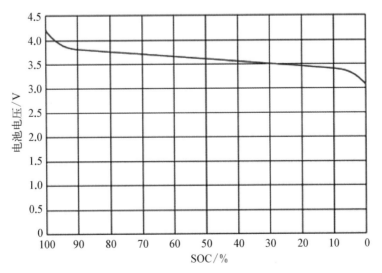

图 4 – 20　SOC 状态估计图

3) 能量管理

能量管理主要包括两部分：以电流、电压、温度、SOC 和 SOH 为输入进行充电过程控制，以 SOC、SOH 和温度等参数为条件进行放电功率控制，如图 4‑21 所示。

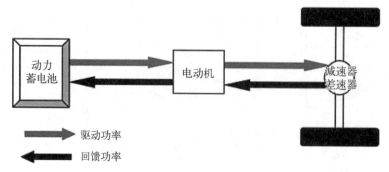

驱动功率

回馈功率

**图 4‑21　放电功率控制图**

4) 安全管理

电池管理系统监视蓄电池电压、电流、温度是否超过正常范围，防止蓄电池组过充、过放。安全管理主要包括：烟雾报警、绝缘检测、自动灭火、过电压和过电流控制、过放电控制、防止温度过高、在发生碰撞的情况下关闭电池等功能。在对蓄电池组进行整组监控的同时，多数电池管理系统已经发展到对单体蓄电池在极端工况下，实现高压断电保护、过流断开保护、过放电保护、过充电保护等功能。

5) 热管理

动力电池在正常工作中不仅受环境温度的影响，还受自身充放电产热的影响。因此，BMS 需要集成电池热管理模块。它可以根据电池组内温度分布信息及充放电需求，决定主动加热/散热的强度，使得动力电池尽可能工作在最适合的温度，充分发挥动力电池的性能，延长动力电池的使用寿命。

动力电池热管理系统的功能有：电池温度的准确测量和监控；电池组温度过高时的有效散热和通风；低温条件下的快速加热；有害气体产生时的有效通风；保证电池组温度场的均匀分布。

动力电池组内的温度环境对单体电池的可靠性、寿命及性能都有很大的影响，因此，使动力电池内温度维持在一定的范围内就显示尤其重要。按照传热介质的不同，电池组的热管理系统可分为风冷、液冷和直冷。

风冷是以低温空气为介质，利用热的对流降低电池温度的一种散热方式，分为自然冷却和强制冷却(利用风机等)。风冷系统又分串行通风方式和并行通风方式两种，如图 4‑22 所示。该技术利用自然风或风机，配合汽车自带的蒸发器为电池降温，系统结构简单、便于维护。

液冷是通过液体对流换热，将电池产生的热量带走，降低电池温度。液体介质的换热系数高、热容量大、冷却速度快，对降低最高温度、提升电池组温度场一致性的效果显著。同

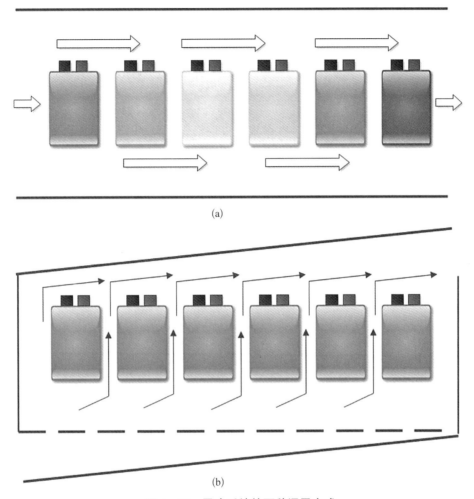

图 4 - 22　风冷系统的两种通风方式

(a) 串行通风方式;(b) 并行通风方式

时,热管理系统的体积也相对较小。液冷系统形式较为灵活,可将电池单体或模块沉浸在液体中,也可在电池模块间设置冷却通道,或在电池底部采用冷却板。电池与液体直接接触时,液体必须保证绝缘,避免短路。同时,对液冷系统的气密性要求也较高。

直冷是制冷剂直接冷却,利用制冷剂(R134a 等)蒸发潜热的原理,在整车或电池系统中建立空调系统,将空调系统的蒸发器安装在电池系统中,制冷剂在蒸发器中蒸发并快速高效地将电池系统的热量带走,从完成对电池系统冷却的作业。

电池热管理系统按照是否有内部加热或制冷装置,可分为被动式和主动式两种热管理系统,如图 4 - 23 至图 4 - 25 所示。在蓄电池工作温度超高时进行冷却,低于适宜工作温度下限时进行蓄电池加热,使蓄电池处于适宜的工作温度范围内,并在蓄电池工作中保持电池单体间温度均衡。对于大功率放电和高温条件下使用的蓄电池,蓄电池的热管理尤为必要。

6) 均衡控制

由于蓄电池的一致性差异,导致蓄电池组的工作状态是由最差单体蓄电池决定的。在

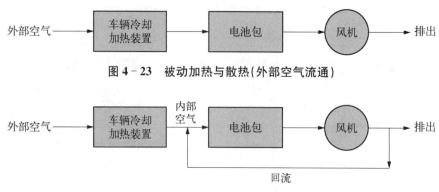

**图4-23  被动加热与散热(外部空气流通)**

**图4-24  被动加热与散热(内部空气流通)**

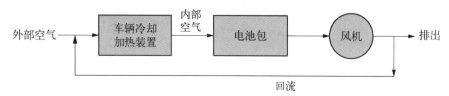

**图4-25  主动加热与散热(外部和内部空气流通)**

蓄电池组各个蓄电池之间设置均衡电路、实施均衡控制是为了使各个单体电池充放电的工作情况尽量一致,提高整体蓄电池组的工作性能。

7) 数据通信

通过电池管理系统实现蓄电池参数和信息与车载设备或非车载设备的通信,为充、放电控制和整车控制提供数据依据是电池管理系统的重要功能之一。根据应用需要,数据交换可采用不同的通信接口,如模拟信号、PWM 信号、CAN 总线或串行接口,如图 4-26 所示。

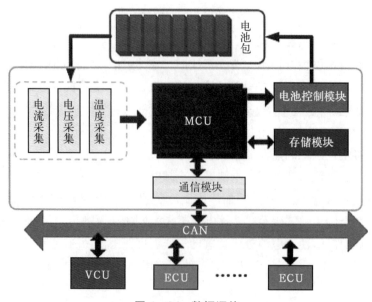

**图4-26  数据通信**

## 拓展阅读

2021 年，美国菲斯科汽车公司发布了一项全新的固态电池技术。据悉，这项技术的能量密度是常规锂电池的 2.5 倍，能够让电动汽车的行驶里程数增加到 500 英里（约 804 km）以上。更为惊人的是，其充电时间仅需 1 分钟，甚至比传统燃油汽车加油的速度还快。

在散热方面，整个电池组从满电到放电结束，电池温度会维持在 26 ℃ 以内，而目前的圆柱形电池整个放电过程结束后，温度会在 40 ℃ 以上。虽然固态电池技术目前与圆柱形电池一样，同样采用水冷，但因为本身放电温度可以保持得更低，也让散热成为固态电池一大优势。

全球多个车企和电池厂家也发布了固态电池相关的研发进展。包括丰田、松下、三星、三菱、宝马、群众、现代、戴森等企业。比照锂电池，固态电池用新型电解材料取代液体电解质，一劳永逸地消除了电解液反响过程中的危险隐患与不稳定因素；在相同质量下，固态电池将拥有目前市面上最高性能锂电池两倍的能量密度。一旦量产使用，很可能引发电动车储能的革命性突破。

一方面由于采用了有机电解液的传统锂电池，在过度充电、短路等异常情况下容易导致电解液发热，从而引发自燃甚至自爆的安全隐患。固态电池基于固态材料不可燃、无腐蚀、不挥发、不漏液等条件，安全系数较之锂电池有着先天的优势。

另一方面固态电池在最为关键的能量密度方面，有望彻底解决纯电动汽车的里程焦虑。

固态电池的电解质无须隔膜和电解液，并不存在漏液、腐蚀等问题，可以简化电池外壳及冷却系统模块，进一步减轻电池模组的重量，到达节能的效果。此外，全新的正负极材料配套可以使得电化学窗口到达 5 V 以上，从根本上提高能量密度，有望到达 500 wh/kg。

固态电池存在的问题：固态电池虽好，但根据现有的研发进展来看，也还有两项技术难题尚未攻破：固态电解质在室温条件下的离子电导率不高，固态电解质与正负极之间界面阻抗比较大。

## 本章习题

### 一、选择题

1. 下列哪些属于锂电池的组成部分　　　　　　　　　　　　　　　　　（　　）

A. 正极、负极　　　　　B. 电解质　　　　　　C. 隔膜　　　　　　D. 外壳

2. 锂电池负极主要包括　　　　　　　　　　　　　　　　　　　　　　（　　）

A. 石墨　　　　　　　　B. 黏结剂　　　　　　C. 导电剂　　　　　D. 磷酸铁锂

3. 锂电池对电解液特性的要求有　　　　　　　　　　　　　　　　　　（　　）

A. 能较好地溶解电解质盐，即有较高的介电常数

B. 应有较好的流动性，即低黏度

C. 对电池的其他组件应该是惰性的,尤其是充电状态下的正、负极表面

D. 在很宽的温度范围内保持液态,熔点要低,沸点要高

4. 电解液的组成部分包括以下哪些 （　　）

A. 溶剂　　　　　　　B. 锂盐　　　　　　　C. 添加剂　　　　　　D. 磷酸铁锂

## 二、填空题

1. 电池结构组成的 5 大要素分别是（　　　　）（　　　　）（　　　　）（　　　　）（　　　　）。

2. 锂电池正极带的材料组成:集电极为（　　　　）材料,活性材料为（　　　　）、黏结剂为（　　　　）、电子导电添加剂材料为（　　　　）。

3. 在对锂电池进行充电时,合理的充电过程的顺序应先（　　　　）充电,接着再（　　　　）充电。

## 三、简答题

1. 锂电池的优点和缺点是什么?

2. 简述锂电池的组成部分和工作原理。

3. 电池内传热的基本方式是什么?

# 第 *5* 章

# 电机及电机控制系统

## 学习目标

(1) 掌握直流电机的分类与组成。

(2) 掌握直流电机的结构与原理。

(3) 掌握异步电动机的用途、结构、原理和运行方式。

(4) 了解不同情况下异步电动机的启动方法。

(5) 掌握异步电动机的调速方法。

(6) 理解异步电动机的制动方法。

(7) 理解同步电动机的启动、调速和制动方法。

## 问题导入

电动机是电动汽车驱动系统的核心部件,其性能的好坏直接影响电动汽车驱动系统的性能,特别是电动汽车的最高车速、加速性能及爬坡性能等。当 2009 年国庆阅兵上的国徽彩车引入电动汽车及其驱动系统时,你对电驱系统有了解吗?

## 5.1 电机学基础

### 5.1.1 电机分类

电机是以电磁感应和电磁力定律为基本工作原理进行电能的传递或机电能量转换的机械,它被广泛应用于机械、冶金、石油、煤炭、化工、航空、交通、农业等各种行业。常见的电机分类及其种类如图 5-1 所示。

1. 按工作电源分类

按工作电源分类,电机可分为直流电机和交流电机。直流电机按结构及工作原理可划分为无刷直流电机和有刷直流电机,其中,有刷直流电机又可分为永磁直流电机和电磁直流电机。永磁直流电机按材料又分为稀土、铁氧体、铝镍钴永磁直流电机;电磁直流电机按励

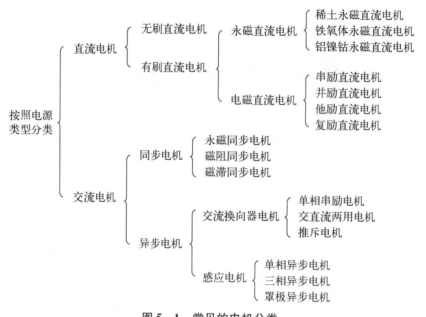

图 5-1    常见的电机分类

磁方式分为串励、并励、他励和复励直流电机。

2. 按结构和工作原理分类

按照电机的结构和工作原理,可分为直流电机、异步电机、同步电机。异步电机的转子转速总是略低于旋转磁场的同步转速。同步电机的转子转速与负载大小无关而始终保持为同步转速。

3. 按用途分类

按照电机的用途分为驱动用电机和控制用电机。

4. 按运转速度分类

按照电机的转速分,有高速电机、低速电机、恒速电机和调速电机。低速电机又分为齿轮减速电机、电磁减速电机、力矩电机和爪极同步电机等。

## 5.1.2    电动汽车对驱动电机的性能要求

电动汽车的电动机驱动控制系统是车辆行驶中的主要执行机构,系统主要由电气系统和机械系统组成。其中,电气系统由电机、功率转换器和电子控制器等三个子系统构成,机械系统则由机械传动和车轮等构成,如图 5-2 所示。电动汽车通过电动机驱动系统将电能转化为机械能,并通过传动装置或直接将能量传递到车轮,从而使车辆按照驾驶人意愿行驶。电动机驱动系统是电动汽车的关键系统之一,其在电动汽车上的具体作用是在驾驶人操纵控制下,将动力蓄电池组的电能转化为车轮的动能,并在车辆制动时把车辆的动能再生为电能反馈到动力蓄电池中。电动车的驱动特性也就决定了汽车执行的主要性能指标。

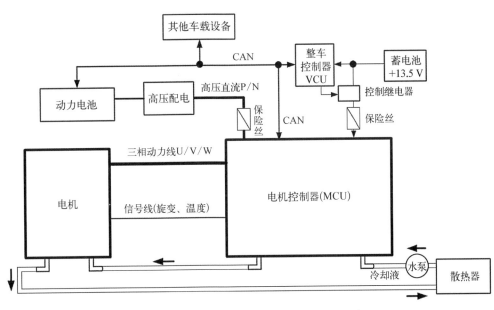

**图 5 - 2　电动汽车的电动机驱动控制系统**

用于电动汽车的驱动电动机与常规的工业电动机不同。电动汽车用驱动电动机通常要求频繁启动、停车、加速、减速,低速或爬坡时要求高转矩,高速行驶时要求低转矩,并要求变速范围大。控制器的作用是将动力源的电能转变为适合于电机运行的另一种形式的电能,所以控制器本质上是一个电能变换控制装置。控制器选择恰当时,驱动系统的性能决定于电机。

1. 电动汽车驱动系统对于电动机的要求

1）低能耗性

为了延长一次充电续驶里程以及抑制电动机的温升,尽量保持低损耗和高效率成为直流电动机的重要特性。近年来,由于稀土系列永磁体的研究开发,直流电机的效率已明显提高,能耗明显减低。

2）环境适应性

直流电机作为新能源汽车的驱动电机时,与在室外使用时的环境大致相同,所以要求在设计时充分考虑密封的问题,防止灰尘和水汽侵入电动机。另外,还要考虑电机的散热性能。

3）抗振动性

由于直流电机具有较重的电枢,所以在颠簸的路况行驶时,车辆振动会影响到轴承所承受的机械应力,对这个应力进行监控和采取相应的对策是很有必要的。同时由于振动,很容易影响到换向器和电刷的滑动接触,因此必须采取提高电刷弹簧预紧力等措施。

4）抗负载波动性

车辆在不同路况下行驶,电动机的负荷会有较大的变动。在市区行驶时,由于交通信号密集及道路拥挤等因素,车辆启动、加速和制动等工况较频繁,不可避免地经常在最大功率下运行,此时电刷与换向器之间的电火花和磨损非常剧烈,因此必须注意换向极和补偿绕组的设计。在郊外行驶时,电动机的输出速度较高,转矩较低,一般要以高效率的额定条件运行,而直流电动机在高速运行情况下,对其换向器部分的机械应力和换向条件的要求会变得严格,因此在大型车辆驱动系统中,大多设置变速器以达到提高启动转矩的目的。

5) 小型化、轻量化

直流电机的转子部分含有较大比例的铜,如电枢绕组和换向器铜片,所以与其他类型的电机相比,直流电机的小型化和轻量化更难以实现。目前可以通过采用高磁导率、低损耗的电磁钢板减少磁性负荷,虽然增加了成本,但可以实现轻量化。

6) 免维护性

对于电刷,根据负荷情况和运行速度等使用条件的不同,更换时间和维修的次数也是不同的。相应的解决方法是:采用不损伤换向器的电刷材质,并且将检查端口设计得较大,以延长电刷使用寿命和便于维修、更换。

2. 驱动电机主要性能指标及特点

驱动电机的主要性能指标如表5-1所示。

表 5-1  驱动电机主要性能指标及特点

| 序号 | 性 能 指 标 | 定 义 |
| --- | --- | --- |
| 1 | 额定电压 | 在额定工况运行时,电机定子绕组应输入的线电压 |
| 2 | 额定电流 | 在额定电压下,电机轴上输出的机械功率为额定功率时,电机定子绕组通过的线电流值 |
| 3 | 额定转速 | 在额定电压输入下以额定功率输出时对应的电机最低转速 |
| 4 | 额定功率 | 额定条件下,电机轴上输出的机械功率 |
| 5 | 峰值功率 | 在规定的时间内,电机允许输出的最大功率 |
| 6 | 最高工作转速 | 相应于电动汽车最高设计车速的电机转速 |
| 7 | 最高转速 | 在无带载条件下,电机允许旋转的最高转速 |
| 8 | 额定转矩 | 电机在额定功率和额定转速下的输出转矩 |
| 9 | 峰值转矩 | 电机在规定的持续时间内允许输出的最大转矩 |
| 10 | 堵转转矩 | 电机转子在所有角位堵住时所产生的转矩最小测量值 |
| 11 | 机械效率 | 在额定运行时,电机轴上输出的机械功率与电机在额定运行时电源输入到电机定子绕组上的功率比值 |
| 12 | 电机及控制器整体效率 | 电机转轴输出功率除以控制器输入功率 |
| 13 | 温升 | 电机在运行时允许升高的最高温度 |

各种驱动电机的基本性能比较如表 5 - 2 所示。

**表 5 - 2  各种驱动电机的基本性能比较**

| 项　目 | 直流电动机 | 三相异步电动机 | 永磁同步电动机 | 开关磁阻电机 |
| --- | --- | --- | --- | --- |
| 功率密度 | 低 | 中 | 高 | 较高 |
| 过载能力/% | 200 | 300～500 | 300 | 300～500 |
| 峰值效率/% | 85～89 | 94～95 | 95～97 | 90 |
| 负荷效率/% | 80～87 | 90～92 | 97～85 | 78～86 |
| 功率因数/% | — | 82～85 | 90～93 | 60～65 |
| 恒功率区 | — | 1∶5 | 1∶2.25 | 1∶3 |
| 转速范围/(r/min) | 4 000～6 000 | 12 000～20 000 | 4 000～10 000 | 可以大于 15 000 |
| 可靠性 | 一般 | 好 | 优良 | 好 |
| 结构的坚固性 | 差 | 好 | 一般 | 优良 |
| 电机的外形尺寸 | 大 | 中 | 小 | 小 |
| 电机质量 | 重 | 中 | 轻 | 轻 |

### 5.1.3　新能源汽车常用电机驱动系统的组成与类型

电机驱动系统的基本组成如图 5 - 3 所示。电动汽车的整个驱动系统包括电机驱动系

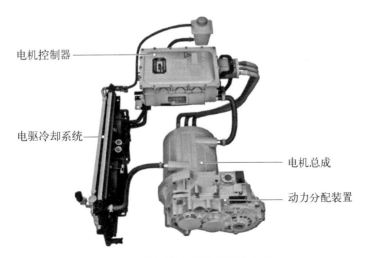

**图 5 - 3　电机驱动系统的基本组成**

统与其机械传动机构两大部分。电机驱动系统是电动汽车的心脏,它由电机、功率转换器、控制器、各种检测传感器和电源(蓄电池)组成,其任务是在驾驶员的控制下,高效率地将蓄电池的电能转化为车轮的动能,或者将车轮的动能反馈到蓄电池中。

1) 传统的驱动模式

该驱动系统仍然采用内燃机汽车的驱动系统布置方式,包括离合器、变速器、传动轴和驱动桥等总成,只是将内燃机换成电动机,属于改造型电动汽车。

2) 电动机-驱动桥组合式驱动系统

这种驱动系统布置形式即在驱动电动机端盖的输出轴处加装减速齿轮和差速器等,电动机、固定速比减速器、差速器的轴互相平行,一起组合成一个驱动整体。

3) 电动机-驱动桥整体式驱动系统

这种驱动系统布置形式与发动机横向前置-前轮驱动的内燃机汽车的布置方式类似,把电动机、固定速比减速器和差速器集成为一个整体,两根半轴连接驱动车轮。

4) 轮毂电动机分散驱动系统

轮毂电机技术又称车轮内装电机技术,它的最大特点就是将动力、传动和制动装置都整合到轮毂内,因此将电动车辆的机械部分大大简化。

### 5.1.4 电磁感应定律

1820 年 7 月奥斯特发现了电流的磁效应现象,同年 12 月安培提出安培定律,电磁学的发现开创了电动力学的理论基础。

电流磁效应:任何通有电流的导线,都可以在其周围产生磁场的现象,称为电流的磁效应。在通电流的长直导线周围,会有磁场产生,其磁感线的形状为以导线为圆心一封闭的同心圆,且磁场的方向与电流的方向互相垂直。

电磁感应定律:匝数为 $n$ 的线圈在磁场中,若与线圈交连的磁通 $\Phi$ 发生变化时,线圈感应出电动势(electromotive force,EMF),称为电磁感应。$E$ 的正方向与 $\Phi$ 的正方向符合右手螺旋法则。闭合电路中感应电动势的大小,跟穿过这一电路的磁通量的变化率成正比。电动势单位伏(V)、磁通量单位韦伯(Wb)。

$$E = \frac{\Delta \Phi}{\Delta t} = \frac{\Phi_2 - \Phi_1}{t_2 - t_1} \qquad (5-1)$$

注意:公式中 $\Delta\Phi$ 取绝对值,不涉及正负,感应电流的方向由楞次定律判断。当闭合电路中的线圈匝数是 $n$ 时

$$E = n \frac{\Delta \Phi}{\Delta t} \qquad (5-2)$$

楞次定律:感应电流的磁场总要阻碍引起感应电流的磁通量的变化。

## 5.2　电机构造与原理

电动机是根据电磁感应原理实现能量转换的,电机磁场的建立有两种途径:一是对励磁线圈通电产生磁场;二是使用永久磁铁形成磁场。如果电动机转子的转速与定子旋转磁场转速相等,转子与定子旋转磁场在空间同步地旋转,这种电动机被称为同步电动机。如果电动机转子转速不等于定子旋转磁场转速,则转子与定子旋转磁场在空间旋转时不同步,则称其为异步电动机。

### 5.2.1　永磁同步电机

广义上,永磁电机是指使用了永磁体的电机。永磁电机的发展得益于稀土永磁体的发现。用稀土永磁体制造的电动机的磁体体积较原来磁场极所占空间小,并且没有损耗,不发热,与传统的电动机相比有明显优势。永磁体最基本的作用是在某一特定的空间产生恒定的磁场,并且维持此磁场不需要外部电源。

1. 永磁同步电动机的结构

永磁同步电动机的主要组成如图 5-4 所示,由端盖、带永磁体的转子、定子、定子绕组、分离离合器、接线端口等组成。定子与传统同步电机相同,转子采用径向永久磁铁做成的磁极,转子上黏有钕铁硼磁钢。转子与旋转磁场同步旋转,旋转磁场的速度取决于电源频率。与多相交流同步电动机和感应电动机类似,永磁同步电动机产生理想的恒转矩或称平稳转矩。

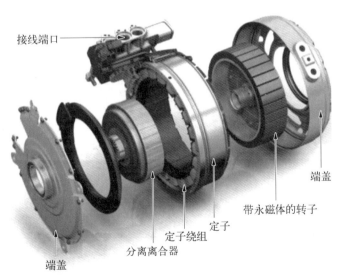

接线端口

端盖

带永磁体的转子

定子

定子绕组

分离离合器

端盖

**图 5-4　永磁同步电动机的主要组成部分**

转子是永磁同步电机最为关键的部件之一。永磁体在转子上的安装位置有表面式(突出式和插入式)和内置式,如图 5-5 所示。

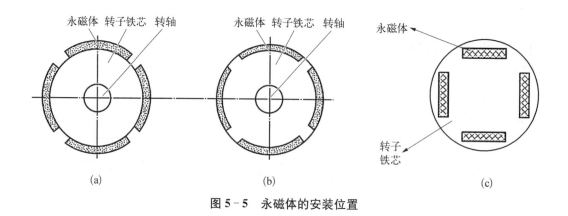

**图 5-5　永磁体的安装位置**

(a) 突出式；(b) 插入式；(c) 内置式

1) 表面凸出式

表面凸出式的特点是具有结构简单、制造成本低、转动惯量小、动态响应快、转矩脉动低等优点。但由于弱磁调速范围小，所以功率密度低。

2) 表面插入式

表面插入式的特点是可充分利用转子磁路不对称性所产生的磁阻转矩，提高电动机的功率密度，动态性能较凸出式有所改善，制造工艺也较简单，但漏磁系数和制造成本都大。

3) 内置式

内置式永磁同步电动机也称为混合式永磁同步电动机。该电动机在永磁转矩的基础上叠加了磁阻转矩。磁阻转矩的存在有助于提高电动机的过载能力和功率密度，而且易于弱磁调速，扩大恒功率范围运行。内置式结构的永磁体位于转子内部，按永磁体磁化方向与转子旋转方向的相互关系，内置式磁路结构又分为径向式、切向式和混合式三种。内置式永磁体磁路结构如图 5-6 所示。

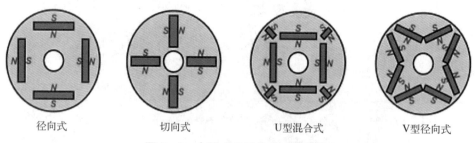

径向式　　　　切向式　　　　U型混合式　　　　V型径向式

**图 5-6　内置式永磁体的磁路结构**

2. 永磁同步电动机的工作原理

两相永磁同步电动机的工作原理如图 5-7 所示。电机的转子为永久磁铁，定子铁芯上绕有线圈绕组。如图 5-7(a)所示当两头的线圈通上电流时，根据右手螺旋定则，会产生方向指向右的外加磁感应强度 B(如粗箭头方向所示)，而中间的转子会尽量使自己内部的磁力线方向与外磁力线方向保持一致，以形成一个最短闭合磁力线回路，内转子就会按顺时针方向旋转。"当转子磁场方向与外部磁场方向垂直时，转子所受的转动力矩最大"。在转子磁场与外部磁场方向一致时,转子所受磁力最大,但此时转子呈水平状态,力臂为 0,当然也就不会转动了。

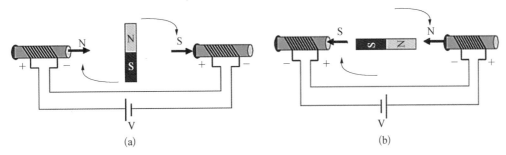

**图 5 - 7　两相永磁同步电动机的原理**

(a) 顺时针通电;(b) 逆时针通电

当转子转到水平位置时,虽然不再受到转动力矩的作用,但由于惯性原因,还会继续顺时针转动,这时若改变两头螺线管的电流方向,如图 5 - 7(b)所示,转子就会继续顺时针向前转动。如此不断改变两头螺线管的电流方向,内转子就会不停转起来了。注意:何时换向只与转子的位置有关,而与转速无关。

对于三相绕组永磁同步电动机,工作原理如图 5 - 8 所示。转子的永久磁铁 NS 极沿圆周方向交替排列,定子线圈绕组等角度排列,当对定子绕组顺序通电,定子可以看成是以速度 $n$ 旋转的磁场。电动机运行时,通过改变定子的绕组电流方向和通电时间,始终保持转子磁针附近的定子磁极与转子磁针磁极相反,使转子像磁针在旋转磁场中旋转一样,随着定子的旋转磁场同步旋转。

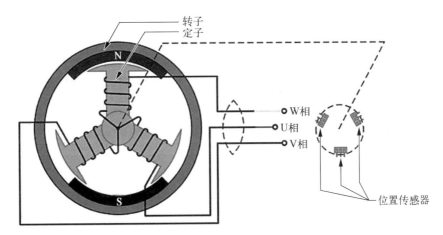

**图 5 - 8　三相永磁同步电动机的原理**

永磁同步电动机的定子通常称为三相对称绕组,产生的旋转磁场的角速度 $\omega$ 与电动机的磁极对数 $p$ 成反比,与电源频率 $f$ 成正比,即 $\omega = 2\pi f / p$,如图 5 - 9 所示。工作时,旋转磁场与已充磁的磁极作用,带动转子与旋转磁场同步旋转并力图使定子与转子的磁场轴线对齐。当外加负载转矩以后,转子磁场轴线将落后于定子磁场轴线一个 $\theta$ 功率角,负载越大,$\theta$角也越大,直到一个极限角度$\theta_m$,电动机失步为止。

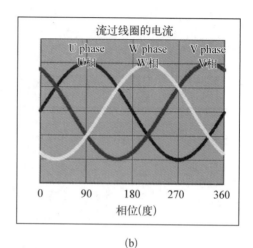

图 5 - 9　三相对称绕组

(a) 三相对称绕组分布图;(b) 三相对称绕组电压波形图

**3. 永磁同步电动机的特点**

永磁同步电动机因应用永磁体,所以不用励磁,从而省去了励磁功率。永磁同步电动机同步运转时,转子既无能耗又无铁损,因而效率提高,损耗降低,无功功率很小,其功率因数在 0.95 以上。其主要特点可归纳为如下几个方面:

(1) 高效节能、功率因数高。永磁同步电动机一般效率达到95%以上,比 Y 系列异步电动机提高10%~15%。因永磁同步电动机没有励磁功率,无功损耗很小,功率因数为0.95~0.99,接近于 1,系统综合节电效果明显。

(2) 效率曲线平直。永磁同步电动机效率曲线好,负载在 1/4 时,效率仍能达到92%以上。

(3) 结构简单,便于维护。与一般异步电动机相同,它主要由定子、转子、机壳构成,无滑环、无电刷、结构简单、寿命长、维护方便。

(4) 调速精度高。永磁同步电动机的转速完全与频率同步,不受电源电压和负载变化的影响,在任何情况下,永磁同步电动机的转速与同步转速的误差都不大于 0.25 r/min,如果超过 5 r/min 就进入失步状态。

## 5.2.2　交流异步电机

交流三相异步电动机是靠同时接入三相交流电源(相位差 120°)供电的一类电动机。由于三相异步电动机的转子与定子旋转磁场以相同的方向、不同的转速旋转,存在转差率,所以称为三相异步电动机。

**1. 交流三相异步电动机的基本结构**

三相异步电动机的结构如图 5 - 10 所示,主要由定子、转子、机座、支架、外壳、风扇罩和冷却风扇等组成。

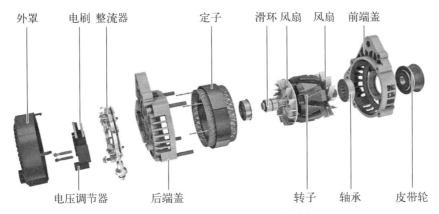

外罩　电刷 整流器　定子　滑环 风扇 风扇 前端盖

电压调节器　后端盖　转子　轴承　皮带轮

图 5 - 10　交流异步电动机的结构

感应式电动机转子与定子之间没有任何电气上的联系,能量的传递全靠电磁感应作用。转子和定子间有个非常小的空气气隙将转子与定子隔开,根据电动机容量的大小不同,气隙一般在 0.4~4 mm 的范围内。气隙过小,电动机装配困难,高次谐波磁场增强,附加损耗增加,启动性能变差以及运行不可靠。气隙过大,则电动机运行时的功率因数降低。

电动机定子绕组的作用是产生旋转磁场和吸收电功率。三相定子绕组的接法如图 5 - 11 所示。

2. 交流三相异步电动机转子绕组的种类

转子绕组有笼型和绕线型两种。鼠笼式、绕线型转子分别如图 5 - 12、图 5 - 13 所示。一般应用场合应尽可能选用鼠笼式电动机,只有在需要调速,不能采用鼠笼式电动机的场合下才选用绕线式电动机。

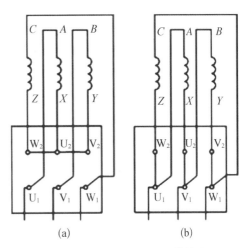

(a)　　　　　　(b)

图 5 - 11　三相定子绕组的接法

(a) 星形联结;(b) 三角形联结

图 5 - 12　鼠笼式异步电动机

图 5 - 13　绕线型异步电动机

3. 交流三相异步电动机的工作原理

交流三相异步电动机是根据电磁感应原理而工作的。当定子绕组中通过三相对称交流电,则在定子与转子间产生旋转磁场,该旋转磁场切割转子绕组,在转子回路中产生感应电动势和电流,转子在旋转磁场的作用下旋转。

### 5.2.3　交流异步电机的特点

交流异步电动机由三相交流电驱动,变频调速是电动机首先要具备的功能。纯电动车的车轮由电动机和差速器组成的传动机构进行驱动,电动机本身的转速范围即可满足车辆的行驶需要。但是,在变频调速的性能方面,还是对电动机提出了较高的要求。另外,倒车也是日常驾驶时经常遇到的问题,所以,还需要电动机能够自如地在正反转状态间切换。异步电动机具备变频调速的能力,其效果相当于我们所理解的装配有无级变速箱的车辆在加速时发动机转速与车速较为线性的对应关系。而上面提到的倒车问题,异步电动机也可轻易通过自身正反转的切换给予满足。异步电动机实现动能回收也更为容易。车辆滑行或制动时,车轮反拖电动机转动,在这个工况下,电动机可进行发电并将电能回收到电池中,以此延长车辆的续航里程。

交流三相异步电动机和直流电动机相比如表 5-3 所示。

表 5-3　交流三相异步电动机和直流电动机相比

| 优　　点 | 缺　　点 |
|---|---|
| 效率较高 | 调速性能相对较差 |
| 结构简单、体积小、质量小 | |
| 工作可靠,使用寿命长 | 功率因数较低 |
| 免维护 | 配用的控制器成本较高 |
| 电动机本身的成本低 | |

### 5.2.4　直流电机

1. 直流电动机的原理

直流电动机指能将直流电能转换成机械能的旋转电动机,其电动机定子提供磁场,直流电源向转子的绕组提供电流,换向器使转子电流与磁场产生的转矩保持方向不变。直流电动机根据是否配置有常用的电刷换向器分为两类,有刷直流电动机和无刷直流电动机。

直流电从两电刷之间通入电枢绕组,电枢电流方向如图 5-14 所示。由于换向片和电源固定联接,无

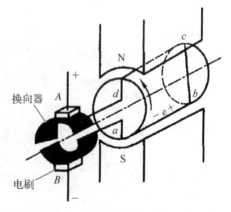

图 5-14　直流电动机工作原理图

论线圈怎样转动,总是 N 极有效边的电流方向向里,S 极有效边的电流方向向外。电动机电枢绕组通电后受力(左手定则)按逆时针方向旋转。线圈在磁场中旋转将在线圈中产生感应电动势,由右手定则,感应电动势的方向与电流的方向相反,也称为反电动势。虽然电流方向是交替变化的,但线圈所受电磁力的方向不改变,因而线圈可以连续地按逆时针方向旋转。

图 5-14 为直流电动机工作原理图。N、S 为定子磁极, $abcd$ 是固定在可旋转导磁圆柱体上的线圈,线圈连同导磁圆柱体称为电机的转子或电枢。线圈的首末端 $a$、$d$ 连接到两个相互绝缘并可随线圈一同旋转的换向片上。转子线圈与外电路的连接是通过放置在换向片上固定不动的电刷进行的。

导体 $ab$ 在 S 极下, $a$ 点低电位, $b$ 点高电位;导体 $cd$ 在 N 极下, $c$ 点低电位, $d$ 点高电位;电刷 A 极性仍为正,电刷 B 极性仍为负。可见,和电刷 A 接触的导体总是位于 N 极下,和电刷 B 接触的导体总是位于 S 极下。

2. 直流电动机的特点

(1) 调速性能好。

直流电动机可以在重负荷条件下,实现平滑的无级调速,而且调速范围较宽。

(2) 启动转矩大。

可以均匀且经济地实现转速调节。因此,凡是在重负荷下启动或是要求均匀调节转速的机械,都可以使用直流电动机。

(3) 控制简单。

直流电动机一般用斩波器控制,具有效率高、控制灵活、质量和体积小、响应速度快等优点。

(4) 易磨损。

由于存在电刷、换向器等易损件,所以必须进行定期维护或更换。

3. 有刷直流电动机结构

有刷直流电动机总体结构如图 5-15 所示;有刷直流电机分解结构如图 5-16 所示。它分为两部分:定子与转子。定子包括主磁极、机座、换向极、电刷装置等。转子包括电枢铁芯、电枢绕组、换向器、轴和风扇等。定子和转子之间由气隙分开。

1) 定子

定子就是发动机中固定不动的部分,它主要由主磁极、机座和电刷装置组成。主磁极是由主磁极铁芯(极心和极掌)和励磁绕组组成,其作用是用来产生磁场。极心上放置励磁绕组,极掌的作用是使电动机空气隙中磁感应强度分配最为合理,并用来阻挡励磁绕组。主磁极用硅钢片叠成,固定在机座上。机座也是磁路的一部分,常用铸钢制成。电刷是引入电流的装置,其位置固定不

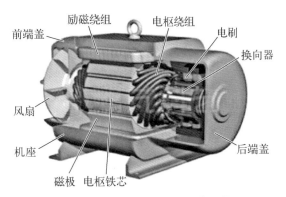

图 5-15　有刷直流电机总体结构

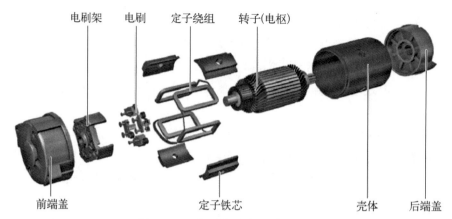

**图 5 - 16　有刷直流电机分解结构**

变。它与转动的交换器作滑动连接,将外加的直流电流引入电枢绕组中,使其转化为交流电流。在微型直流电动机中,也有用永久磁铁作磁极的。

2）转子

转子是电动机的转动部分,主要由电枢和换向器组成。电枢是电动机中产生感应电动势的部分,主要包括电枢铁芯和电枢绕组。电枢铁芯呈圆柱形,由硅钢片叠成,表面冲有槽,槽中放电枢绕组。通有电流的电枢绕组在磁场中受到电磁力矩的作用,驱动转子旋转,起了能量转换的枢纽作用,故称"电枢"。换向器又称整流子,是直流电动机的一种特殊装置。它是由楔形铜片叠成,片间用云母垫片绝缘。换向片嵌放在套筒上,用压圈固定后成为换向器再压装,在转轴上电枢绕组的导线按一定的规则焊接在换向片突出的叉口中。在换向器表面用弹簧压着固定的电刷,使转动的电枢绕组得以同外电路连接起来,并实现将外部直流电流转化为电枢绕组内的交流电流。

3）气隙

定子磁极和转子电枢间自然形成的缝隙,它虽不为结构部件,但为主磁路重要部分,是机电能量转换媒介。气隙大小直接影响电机性能,越小磁损耗越小,使效率越高,但受机械加工精度和旋转同轴度限制,因此随电机容量(体积)和最高允许转速增加而增大。

4）特点

优点:作为驱动电机技术较为成熟;控制方式容易,调速优良。

缺点:复杂的机械结构,导致它的瞬时过载能力和电机转速受到限制;电机的机械结构会产生损耗,提高了维护成本。

**4. 无刷直流电动机结构与原理**

1）组成与原理

无刷直流电动机是随电子技术的发展而出现的一种新型电动机。无刷直流电动机主要由电动机本体、电子换相器和转子位置传感器三部分组成。

(1)电动机本体。无刷直流电动机的电动机本体由定子和转子两部分组成。

(2)电子换相器。电子换相器由功率开关和位置信号处理电路构成,主要用来控制定子各绕组通电的顺序和时间。

（3）位置传感器。位置传感器在无刷直流电动机中起着检测转子磁极位置的作用，为功率开关电路提供正确的换相信息，即将转子磁极的位置信号转换成电信号，经位置信号处理电路处理后，控制定子绕组换相。

它的原理框图如图 5-17 所示。图中直流电源通过开关线路向电动机定子绕组供电，电动机转子位置由位置传感器检测并提供信号去触发开关线路中的功率开关元件，使之导通或截止，从而控制电动机的转动。

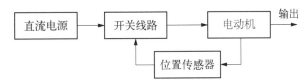

**图 5-17　无刷直流电动机的原理框图**

无刷直流电动机的基本结构如图 5-18 所示。图中电动机结构与永磁式同步电动机相似。

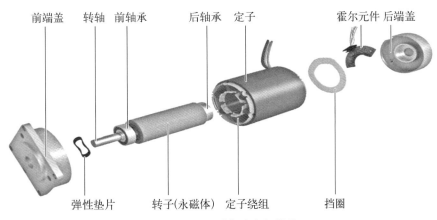

**图 5-18　无刷直流电机结构**

无刷直流电动机的工作原理与有刷直流电动机的工作原理基本相同，如图 5-19 所示。它是利用电动机转子位置传感器输出信号控制电子换向线路去驱动逆变器的功率开关器件，使电枢绕组依次馈电，从而在定子上产生跳跃式的旋转磁场，拖动电动机转子旋转。同时，随着电动机转子的转动，转子位置传感器又不断送出位置信号，以不断地改变电枢绕组的通电状态，使得在某一磁极下，导体中的电流方向保持不变，这样电动机就旋转起来了。

2）特点

无刷直流电动机作为电动汽车用电动机，具有以下优点：

（1）外特性好，非常符合电动汽车的负载特性，尤其是具有低速大转矩特性，能够提供大的启动转矩，满足电动汽车的加速要求。

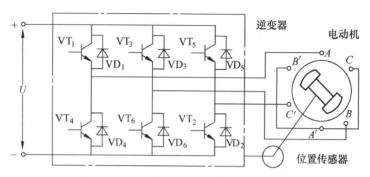

图 5-19   无刷直流电动机的工作原理图

（2）可以在低、中、高宽速度范围内运行，而有刷电动机由于受机械换向的影响，只能在中低速下运行。

（3）效率高，尤其是在轻载车况下，仍能保持较高的效率，这对珍贵的电池能量是很重要的。

（4）过载能力强，比 Y 系列电动机可提高过载能力 2 倍以上，满足电动汽车的突起堵转需要。

（5）再生制动效果好，因无刷直流电动机转子具有很高的永久磁场，在汽车下坡或制动时电动机可完全进入发电机状态，给电池充电，同时起到电制动作用，减轻机械刹车负担。

（6）体积小、重量轻、比功率大，可有效地减轻重量、节省空间。

（7）无机械换向器，采用全封闭式结构，防止尘土进入电动机内部，可靠性高。

（8）控制系统比异步电动机简单。

缺点是电动机本身比交流电动机复杂，控制器比有刷直流电动机复杂。

## 5.3   电机控制系统

### 5.3.1   电机控制器构造原理

电子控制模块包括硬件电路和相应的控制软件。硬件电路主要包括微处理器及其最小系统，对电机电流、电压、转速、温度等状态的监测电路、各种硬件保护电路，以及与整车控制器、电池管理系统等外部控制单元数据交互的通信电路。控制软件根据不同类型电机的特点，实现相应的控制算法。

1. 电机控制器的结构

电机控制器响应并反馈整车控制器根据驾驶员意图发出的各种指令，实时调整驱动电机输出，以实现控制驱动电机的转速、转向和通断。它的结构如图 5-20 所示。

（1）电子控制模块包括硬件电路和相应的控制软件。硬件电路主要包括微处理器及其最小系统，对电机电流、电压、转速、温度等状态的监测电路、各种硬件保护电路，以及与整车

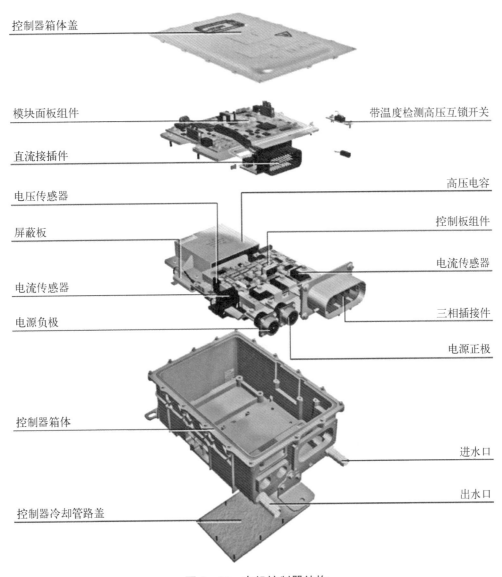

控制器箱体盖

模块面板组件

直流接插件

电压传感器

屏蔽板

电流传感器

电源负极

控制器箱体

控制器冷却管路盖

带温度检测高压互锁开关

高压电容

控制板组件

电流传感器

三相插接件

电源正极

进水口

出水口

图 5 - 20　电机控制器结构

控制器、电池管理系统等外部控制单元数据交互的通信电路。控制软件根据不同类型电机的特点实现相应的控制算法。

（2）驱动器将微控制器对电机的控制信号转换为驱动功率变换器的驱动信号，并实现功率信号和控制信号的隔离。

（3）功率变换模块对电机电流进行控制。电动汽车经常使用的功率器件有大功率晶体管、门极可关断晶闸管、功率场效应管、绝缘栅双极晶体管以及智能功率模块等。

2. 电机控制器的原理

电机控制器原理图 5 - 21 所示。电机驱动汽车前行，而电机控制器驱动电机工作。电机控制器由逆变器和控制器两部分组成。逆变器接收电池输送过来的直流电电能，逆变成三相交流电给汽车电机提供电源。控制器接受电机转速等信号反馈到仪表,当发生制动或者加速行为时,控制器控制变频器频率的升降,从而达到加速或者减速的目的。

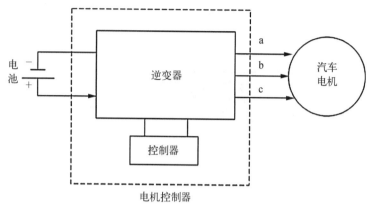

图 5 - 21　电机控制器原理

3. 电机控制器分类

1)直流电机驱动系统

电机控制器一般采用脉宽调制(pulse width modulation,PWM)斩波控制方式,控制技术简单、成熟、成本低。但存在效率低、体积大等缺点。

2)交流感应电机驱动系统

电机控制器采用 PWM 方式实现高压直流到三相交流的电源变换,采用变频调速方式实现电机调速,采用矢量控制或直接转矩控制策略实现电机转矩控制的快速响应。

3)交流永磁电机驱动系统

包括正弦波永磁同步电机驱动系统和梯形波无刷直流电机驱动系统,其中正弦波永磁同步电机控制器采用 PWM 方式实现高压直流到三相交流的电源变换,采用变频调速方式实现电机调速;梯形波无刷直流电机控制通常采用"弱磁调速"方式实现电机的控制。由于正弦波永磁同步电机驱动系统低速转矩脉动小且高速恒功率区调速更稳定,因此比梯形波无刷直流电机驱动系统具有更好的应用前景。

4)开关磁阻电机驱动系统

开关磁阻电机的结构如图 5 - 22 所示。开关磁阻电机驱动系统的电机控制一般采用模糊滑模控制方法。目前纯电动汽车所用电机均为永磁同步电机,交流永磁电机采用稀土永磁体励磁,与感应电机相比不需要励磁电路,具有效率高、功率密度大、控制精度高、转矩脉动小等特点。

## 5.3.2　纯电动汽车电驱系统动力传递路线

1. 纯电动汽车动力传递路线

当车辆驱动行驶时,电驱系统可将储存在动力电池中的电能高效地转化为车轮的动能,并能够在汽车减速或制动时,将车轮的机械能转化为电能充入动力电池,如图 5 - 23 所示。

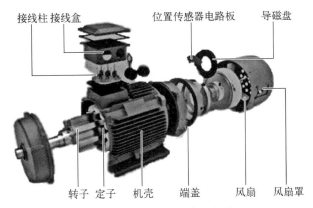

图 5-22　开关磁阻电机结构

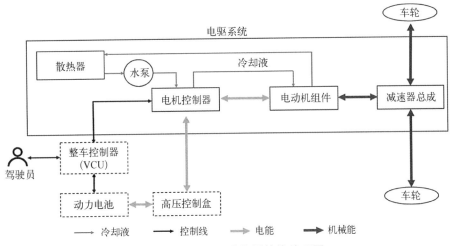

图 5-23　电驱系统能量转换关系图

1）驱动状态（电能转化为机械能）

当车辆处于驱动状态，电机控制器接收整车控制器的控制信号，将输入的高压直流电逆变成电压、频率可调的三相交流电，供给电动机使用，如图 5-24 所示。

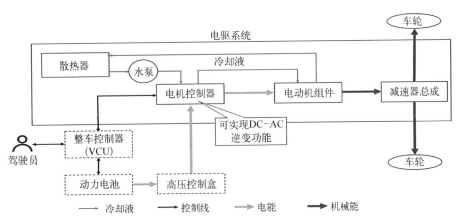

图 5-24　汽车驱动状态下的能量关系

汽车驱动状态下的能量传递如图 5 - 25 所示。

**图 5 - 25    汽车驱动状态下的能量传递**

2) 汽车减速/制动状态(机械能转化为电能)

当车辆减速/制动的时候,车辆能够进行能量回收,此时电动机转变为发电机,将车辆一部分的机械能转化为电能,如图 5 - 26 所示。

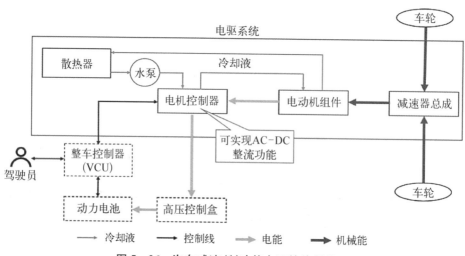

**图 5 - 26    汽车减速/制动状态下的能量关系**

### 5.3.3    异步电机的启动、制动、调速控制

**1. 异步电动机的启动**

异步电动机定子绕组接入电网后,转子从静止状态到稳定运行状态的过程,称为异步电动机的启动。在电力拖动系统中,通常要求电动机应具有足够大的启动转矩,以拖动负载较快地达到稳定运行状态,而启动电流又不要太大,以免引起电网电压波动过大,而影响电网上其他负载的正常工作。因此,衡量异步电动机启动性能的主要指标是启动转矩倍数 $KT = T_{st}/TN$ 和启动电流倍数 $KI = I_{st}/IN$。

1) 异步动机启动性能分析

普通的异步电动机如果不采取任何措施而直接接入电网启动时,往往启动电流 $I_{st}$ 很大,而启动转矩 $T_{st}$ 不足。

其原因可以根据下面异步电动机的转矩公式来分析。

$$T_e = C_T \Phi_m I'_r \cos \varphi_2 \tag{5-3}$$

$$I'_r = \frac{sE'_{r0}}{\sqrt{R'^2_r + (sX'_{r0})^2}} \tag{5-4}$$

$$\cos \varphi_2 = \frac{R'_r}{\sqrt{R'^2_r + (sX'_{r0})^2}} \tag{5-5}$$

在启动初始,异步电动机转速为 $n=0$,转差率 $s=1$,转子电流的频率 $f_2 = sf_1$,转子绕组的电动势 $sE_{r0} = E_{r0}$,比正常运行时($s=0.01 \sim 0.05$)的电动势值大 20 倍以上。此时转子电流 $I_r$ 很大,定子电流的负载分量也随之急剧增大,使得定子电流(即启动电流)很大。其次,由于转子频率很高($f_2 = sf_1 \approx 50$ Hz),转子漏磁 $sX_{r0} \gg R_r$,使得转子内的功率因数 $\cos \varphi_2$ 很小,所以尽管启动时转子电流 $I_r$ 很大,但其有功分量 $I_r \cos \varphi_2$ 并不大,而且,由于启动电流很大,定子绕组的漏阻抗压降增大,使得感应电势 $E_s$ 和与之成正比的主磁通 $\Phi_m$ 减小,因此启动转矩 $T_{st}$ 并不大。

总之,异步电动机在启动时存在以下两种矛盾:

第一种矛盾:启动电流大,而电网承受冲击电流的能力有限。

第二种矛盾:启动转矩小,而负载又要求有足够的转矩才能启动。

因此,应根据情况,针对主要矛盾,寻求不同的解决方法。下面按 4 种情况分别讨论常用的异步电动机的启动方法。

(1) 中、大容量电动机轻载启动——降压启动。

若电动机容量较大,则不能直接启动。此时,若仍是轻载启动,启动时的主要矛盾就是启动电流大而电网允许冲击电流有限的矛盾,对此只有减小启动电流才能予以解决。而对于笼型异步电机,减小启动电流的主要方法是降压启动。

(2) 小容量电动机的轻载启动——直接启动。

直接启动就是利用开关或接触器将电动机的定子绕组直接接到具有额定电压的电网上,也称为全压启动。这种启动方法的优点是操作简便、启动设备简单;缺点是启动电流大,会引起电网电压波动。现代设计的笼型异步电动机,本身都允许直接启动。因此对于笼型异步电动机而言,直接启动方法的应用主要受电网容量的限制。

星形-三角形($Y-\triangle$)换接启动。$Y-\triangle$ 换接启动方法只适用于正常运行时定子绕组接成三角形的电动机,其每相绕组均引出两个出线端,三相共引出六个出线端。在启动时将定子绕组接成星形,启动完毕后再换接成三角形,如图 5-27 所示。在启动时把定子每相绕组上的电压降到正常工作电压的 $1/\sqrt{3}$。

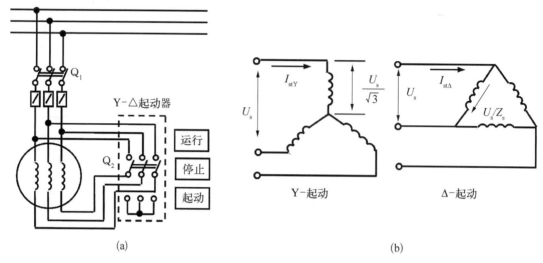

**图 5 - 27　Y - Δ 换接启动接线原理图**

(a) 接线图;(b) 原理图

设启动时接成 Y 形的定子绕组的线电压为 $U_s$,该电压也就是电网电压,则相电压为 $U_s/\sqrt{3}$ 。这时线电流与相电流相等,则 Y 形启动电流为

$$I_{stY} = \frac{U_s}{\sqrt{3} Z_s} \tag{5-6}$$

三角形连接时每相绕组的相电压与线电压相等为 $U_s$,相电流是线电流的 $U_s$,即 △ 形启动电流为 $1/\sqrt{3}$ 。

$$I_{st\triangle} = \frac{\sqrt{3} U_s}{Z_s} \qquad \frac{I_{stY}}{I_{st\triangle}} = \frac{1}{3} \tag{5-7}$$

(3) 自耦降压启动。

自耦降压启动方法是利用三相自耦变压器降低加到电动机定子绕组的电压,以减小启动电流的启动方法。采用自耦变压器降压启动时,自耦变压器的一次侧(高压边)接电网,二次侧(低压边)接到电动机的定子绕组上,待其转速基本稳定时,再把电动机直接接到电网上,同时将自耦变压器从电网上断开。自耦变压器的降压原理图如图 5 - 28 所示。

根据变压器原理,可知

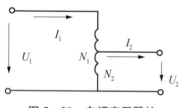

**图 5 - 28　自耦变压器的降压原理图**

$$\frac{U_2}{U_1} = \frac{I_1}{I_2} = \frac{N_2}{N_1} \tag{5-8}$$

设 $I_2$ 为定子绕组电压为 $U_2$ 时的启动电流,$I_{st}$ 为全电压 $U_1$ 时的启动电流,则

$$\frac{I_2}{I_{\text{st}}}=\frac{U_2}{U_1} \tag{5-9}$$

根据以上两式,可得

$$\frac{I_1}{I_{\text{st}}}=\left(\frac{N_2}{N_1}\right)^2 \tag{5-10}$$

式(5-10)表明:利用自耦变压器后,电动机端电压 $U_{\text{s}}=U_2$ 降到 $(N_2/N_1)U_1$,定子电流 $I_{\text{s}}=I_2$ 也降到 $(N_2/N_1)I_{\text{st}}$,通过自耦变压器,又使从电网上吸取的电流 $I_1$ 降低为全电压启动电流 $I_{\text{st}}$ 的 $(N_2/N_1)^2$。由于 $U_{\text{s}}=(N_2/N_1)U_1$,而异步机的电磁转矩 $T_{\text{e}}\propto U_{\text{s}}^2$,所以利用自耦变压器后,启动转矩也降到 $(N_2/N_1)^2 T_{\text{st}}$($T_{\text{st}}$ 为全电压 $U_1$ 时的启动转矩),即启动转矩与启动电流降低同样的倍数。异步电动机自耦降压启动原理如图 5-29 所示。

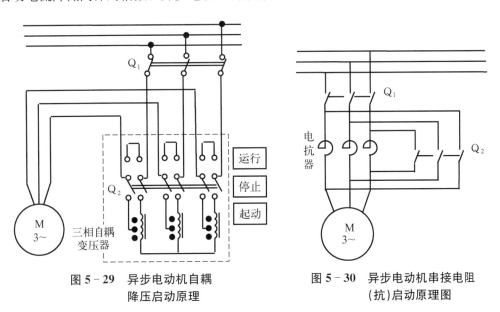

图 5-29　异步电动机自耦
降压启动原理

图 5-30　异步电动机串接电阻
(抗)启动原理图

(4) 串电阻(抗)启动方法。

所谓串电阻(抗)启动,即启动时,在电动机定子电路中串接电阻或电抗,待电动机转速基本稳定时,再将其从定子电路中断开。由于启动时,在串接电阻或电抗上降掉了一部分电压,所以加在电动机定子绕组上的电压就降低了,相应地启动电流也减小了。异步电动机串接电阻(抗)启动原理图如图 5-30 所示。

该启动方法的优点是启动电流冲击小,运行可靠,启动设备构造简单;缺点是启动时电能损耗较多。

笼式异步电动机定子串接电阻(抗)降压启动时,串接电阻的大小应根据电动机的参数及启动要求来选择计算。

2) 延边三角形启动方法

图 5-31(a)为正常运行时为三角形联结的电动机(380/660 V)的定子三相绕组,每相绕

组的中间引出一个出线端,故定子三相绕组共有 9 个出线端。如启动时将绕组的 1、2、3 三个出线端接电源;4、5、6 三个出线端分别与三个中间出线端 8、9、7 相连,如图 5-31(b)所示,即成了所谓的延边三角形联结法。

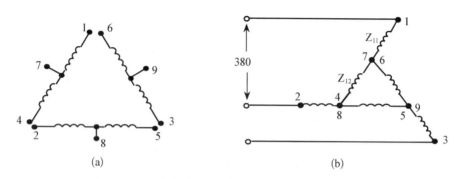

**图 5-31 异步电动机定子绕组联结成延边三角形原理**

(a) 定子三相绕组;(b) 延边三角形接线图

三相绕组联结成延边三角形时,绕组的相电压低于电源电压,且降低值与绕组的中间引出端的抽头比例有关。因此在启动过程中,将定子绕组联结成延边三角形,可使定子绕组的电压降低,也能减小启动电流。

延边三角形启动具有体积小、质量轻、允许经常启动等优点,而且采用不同的抽头比例,可以得到延边三角形联结法的不同相电压,其值比星形-三角形换接启动时星形联结法的电压值高,因此其启动转矩比星形-三角形换接启动时大,它能用于重载启动。延边三角形启动法预期将获得进一步推广,并将逐步取代自耦降压启动方法。其缺点是电动机内部接线较为复杂。

3) 小容量电动机重载启动——笼型异步电动机的特殊形式

小容量电动机重载启动时的主要矛盾是启动转矩不足。解决这一矛盾的方法有两个:一是按启动要求选择容量大一号或更大些的电动机;二是选用启动转矩较高的特殊形式的笼型电动机。

通过改进其内部的结构,获得较好启动性能的特殊形式的笼型异步电动机,主要有高转差率笼型异步电动机、深槽式异步电动机、双笼型异步电动机等。这些特殊形式的笼型异步电动机的共同特点是启动转矩较大。

4) 高转差率笼型异步电动机

这种电动机的转子导条不是采用普通的铝条,而是采用电阻率较高的 ZL-14 铝合金,通过适当加大转子导条的电阻来改善启动性能,这样既可限制启动电流,又可增大启动转矩。但这种电动机在稳定运行时转差率比普通的鼠笼式电动机的转差率高,故称之为高转差笼型异步电动机。

为了适应启动频繁的要求,除适当增大转子导条的电阻改善其启动性能外,该电动机的结构也比较坚固,与普通笼型电动机相比,定子和转子间的气隙较大,过载能力也高。

但也正因为这种电动机的气隙大,使得激磁电流也大,功率因数降低,再加上转子电阻大而引起的正常运行时的损耗较大,效率比较低。所以不是经常启动的拖动系统一般不采用这种电动机。

5）深槽式异步电动机

这种电动机是靠适当改变转子的槽形,充分利用电动机启动过程中转子导条内的"趋肤效应",以达到既改善启动性能又不降低正常运行效率的目的。所谓趋肤效应即是转子槽漏磁通引起转子导条的电流集挤在导条表层的效应。槽转子导条中沿槽高方向电流的分布如图 5‑32。

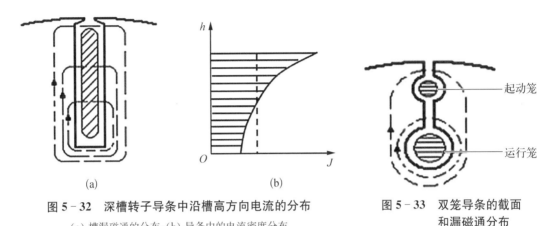

图 5‑32　深槽转子导条中沿槽高方向电流的分布

(a) 槽漏磁通的分布;(b) 导条中的电流密度分布

图 5‑33　双笼导条的截面和漏磁通分布

6）双笼型异步电动机

这种异步电动机的转子上安装了两套笼,如图 5‑33 所示。两个笼间由狭长的缝隙隔开,显然里面的笼相连的漏磁通比外面的笼的大得多。外面的笼导条较细,采用电阻率较大的黄铜或铝青铜等材料制成,故电阻较大,称为启动笼;里面的笼截面较大,采用电阻率较小的紫铜等材料制成,故电阻较小,称为运行笼。

7）中、大容量电动机重载启动——绕线转子异步电动机的启动

中、大容量电动机重载启动时,启动的两种矛盾同时起作用,问题最尖锐。如果上述特殊形式的笼型电动机还不能适应,则只能采用绕线转子异步电动机了。在绕线转子异步电动机的转子上串接电阻时,如果阻值选择合适,可以既增大启动转矩,又减小启动电流,两种矛盾都能得到解决。三相绕线式异步电动机的启动方法通常有转子串接电阻启动和转子串接频敏变阻器启动两种方法。

(1) 转子串接电阻启动方法。

绕线式异步电动机的转子是三相绕组,它通过滑环与电刷可以串接附加电阻,因此可以实现一种几乎理想的启动方法,即在启动时,在转子绕组中串接适当的启动电阻,以减小启动电流,增加启动转矩,待转速基本稳定时,将启动电阻从转子电路中切除,进入正常运行。绕线转子异步电动机转子串接电阻启动原理图如图 5‑34 所示。

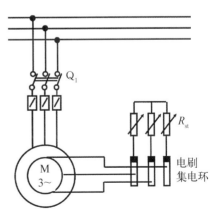

图 5‑34　绕线转子异步电动机转子串接电阻启动原理图

（2）转子串接频敏变阻器启动方法。

转子串接电阻启动的绕线式异步电动机，当功率较大时，转子电流很大；若启动电阻逐段变化，则转矩变化也较大，对机械负载冲击较大。此外，大功率电动机的控制设备较庞大，操作维护也不方便。如果采用频敏变阻器代替启动电阻，则可克服上述缺点。频敏变阻器的特点是其电阻值随转速的上升而自动减小。频敏变阻器的构成与等效电路如图5-35所示。

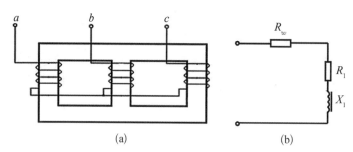

**图5-35  频敏变阻器的构成与等效电路**

（a）频敏变阻器；（b）等效电路

2. 异步电动机的调速

与直流拖动系统相似，在实际应用中往往也要求拖动生产机械的交流电动机的转速能够调节，但是要实现交流调速要比直流调速复杂和困难得多。本节仅讨论异步电动机调速的基本原理和方法。

按照异步电动机的基本原理，从定子传入转子的电磁功率$P_{em}$可分成两部分：一部分$P_2=(1-s)P_{em}$为拖动负载的有效功率（机械功率）；另一部分是转差功率$P_s=sP_{em}$，与转差率成正比。从能量转换的角度看，转差功率是否增大，是消耗掉还是回收，显然是评价调速系统效率的一个指标。据此，又可把异步电动机的调速方法分为三类：

1）转差功率消耗型异步电动机调速方法

转差功率消耗型异步电动机调速方法是将全部转差功率都转换成热能消耗掉。它是以增加转差功率的消耗来换取转速的降低（恒转矩负载时），越向下调效率越低。这类调速方法的效率最低。这类方法的共同特点是在调速过程中均产生大量的转差功率，并消耗在转子电路中。转差功率消耗型调速方法主要有改变定子电压调速法、转子电路串接电阻调速法。

（1）改变定子电压调速。

异步电动机在同步转速$n_1$和临界转差率$S_m$保持不变的情况下，输出转矩与所加定子电压的平方成正比。因此，改变定子电压就可以改变其机械特性的函数关系，从而改变电动机在一定输出转矩下的转速，如图5-36所示。

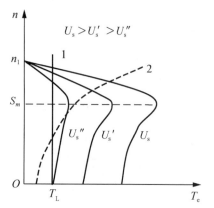

**图5-36  改变定子电压调速的
机械特性**

对于恒转矩调速,如能增加异步电动机的转子电阻(如绕线式转子异步电动机或高转差率笼型异步电动机),则改变电动机定子电压可获得较大的调速范围,如图 5-37 所示。但此时电动机的机械特性太软,往往不能满足生产机械的要求,且低压时的过载能力较低,负载的波动稍大,电动机就有可能停转。对于恒转矩性质的负载,如果要求调速范围较大,往往采用带转速反馈控制的交流调压器,以改善低速时电动机的机械特性。

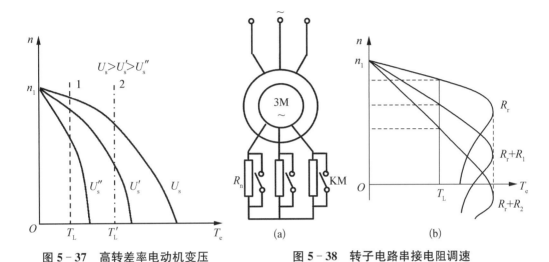

图 5-37　高转差率电动机变压
调速的机械特性

图 5-38　转子电路串接电阻调速

(a) 原理图;(b) 特性曲线

(2) 转子电路串接电阻调速。

这种方法只适用于绕线式异步电动机,如图 5-38 所示。

2) 转差功率回馈型异步电动机调速方法

这种调速方法是把转差功率的一部分消耗掉,大部分则通过变流装置回馈电网或转化成机械能予以利用,转速越低时回收的功率越多,其效率比功率消耗型调速高。

针对串电阻调速存在的低效问题,设想如果在绕线式异步电动机转子电路中串入附加电动势 $E_{add}$ 来取代电阻,通过电动势这样一种电源装置吸收转子上的转差功率,并回馈给电网,以实现高效平滑调速——这就是串级调速的原理。

根据电机的可逆性原理,异步电机既可以从定子输入或输出功率,也可以从转子输入或输出转差功率,因此同时从定子和转子向电机馈送功率也能达到调速的目的。所以,串级调速又称为双馈调速。

串级调速的原理图如图 5-39 所示,在绕线式异步电动机的三相转子电路中串入一个电压和频率可控的交流附加电动势 $E_{add}$,通过控制使 $E_{add}$ 与转子电动势 $E_r$ 具有相同的频率,其相位与 $E_r$ 相同或相反。

当电动机转子没有串接的附加电动势,即 $E_{add} = 0$ 时,异步电动机处在固有机械特性上运行。若电动机转子串接附加电动势,即 $E_{add} \neq 0$,这时,转子电流为

$$I_r = \frac{sE_{r0} \pm E_{add}}{\sqrt{R_r^2 + (sX_{r0})^2}} \tag{5-11}$$

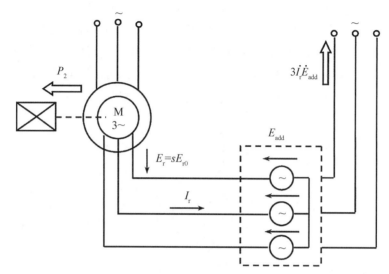

**图 5-39 转子串附加电势的串接调速原理图**

由此可见,可以通过调节 $E_{add}$ 的大小来改变转子电流 $I_r$ 的数值,而电动机产生的电磁转矩 $T_e$ 也将随着 $I_r$ 的变化而变化,使电力拖动系统原有的稳定运行条件 $T_e = T_L$ 被打破,迫使电机变速。这就是绕线式异步电动机串接调速的基本原理。

在串级调速过程中,电机转子上的转差功率 $P_s = sP_{em}$ 只有一小部分消耗在转子电阻上,而大部分被 $E_{add}$ 吸收,再设法通过电力电子装置回馈给电网。因此,串级调速与串电阻调速相比,具有较高的效率。

串级调速的控制方式有两种,分别是次同步调速和超同步调速。

第一种是次同步调速方式,使 $E_{add}$ 的相位与 $E_r$ 相差 $180°$,这时转子电流的表达式为

$$I_r = \frac{sE_{r0} - E_{add}}{\sqrt{R_r^2 + (sX_{r0})^2}} \tag{5-12}$$

由上式可知,增加附加电动势 $E_{add}$ 的幅值,将减少转子电流 $I_r$,也就是减少转矩 $T_e$,从而降低电机的转速 $n$。在这种控制方式中,转速是由同步速向下调节的,始终有 $n < n_1$。

第二种是超同步调速方式,如果使串接的附加电势 $E_{add}$ 与 $E_r$ 同相,则转子电流变为

$$I_r = \frac{sE_{r0} + E_{add}}{\sqrt{R_r^2 + (sX_{r0})^2}} \tag{5-13}$$

这时,随着 $E_{add}$ 的增加,转子电流 $I_r$ 增大,电动机输出转矩 $T_e$ 也增大,使电动机加速。与此同时,转差率 $s$ 将减小,而且随着 $s$ 的减小,$I_r$ 也减小,最终达到转矩平衡 $T_e = T_L$。

串级调速可实现 4 种基本运行状态,如图 5-40 所示。在转子侧引入一个可控的附加电动势,就可实现调速,这个调速过程必然在转子侧形成功率的传递。在调节前后,转子电阻消耗功率不变,但转差率 $s$ 改变,即转差功率改变;功率的流向要么是从转子侧传输到与之相连的交流网或外电路中要么是从外面吸收功率到转子中来。

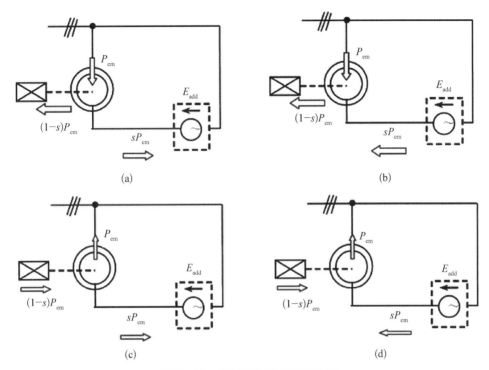

**图 5 - 40　串级调速的运行状态图**

(a) 次同步电动状态($1>s>0$);(b) 超同步转速电动状态($s<0$);(c) 超同步转速发电状态($s<0$);
(d) 次同步转速发电状态($1>s>0$)

(1) 次同步电动状态。

$0<s<1$, $T_e>0$, 则 $P_{em}=T_e\omega_0>0$; $P_M=(1-s)P_{em}>0$; $P_s=s \cdot P_{em}>0$

说明电网向电动机定子输入的电磁功率 $P_{em}$ 一部分变为机功率 $P_M$,从电动机轴输出;
另一部分变为转差功率 $P_s$ 通过产生 $E_{add}$ 装置回馈给电网。

(2) 超同步转速电动状态。

$s<0$, $T_e>0$,则 $P_{em}=T_e\omega_0>0$; $P_M=(1-s)P_{em}>0$; $P_s=s \cdot P_{em}<0$

说明从电网向电动机定子输入电磁功率 $P_{em}$,同时从电网通过产生 $E_{add}$ 装置向电动机转
子输入转差功率 $P_s$。电动机把定子和转子同时吸收的电功率变为机械功率 $P_m$ 从轴上
输出。

(3) 超同步转速发电状态。

$s<0$, $T_e<0$,则 $P_{em}=T_e\omega_0<0$; $P_M=(1-s)P_{em}<0$; $P_s=s \cdot P_{em}>0$

说明电动机从轴上吸收机械功率 $P_m$,一部分变为电磁功率 $P_{em}$,通过定子回馈给电网;
另一部分变为转差功率 $P_s$,通过产生 $E_{add}$ 装置回馈给电网。

(4) 次同步转速发电状态。

$0<s<1$, $T_e<0$,则 $P_{em}=T_e\omega_0<0$; $P_M=(1-s)P_{em}<0$; $P_s=s \cdot P_{em}<0$

说明电动机从轴上向转子上输入的机械功率 $P_m$ 与从电网通过产生 $E_{add}$ 装置输入的转
差功率 $P_s$ 之和,都变为电磁功率 $P_{em}$ 并通过电动机定子回馈给电网。

串级调速的机械特性较硬,调速平滑性好,转差功率损耗小,效率较高。

$$T_{ed} = \frac{2T_m}{(s/s_m)+(s_m/s)} + \frac{2T_m}{(s/s_m)+(s_m/s)} \frac{E'_{add}}{sE'_{r0}} = T_1 + T_2 \qquad (5-14)$$

式(5-14)表明,串级调速异步电动机的转矩是由两部分合成的,$T_1 = T_e$ 为未串接 $E_{add}$ 时的固有转矩,$T_2$ 为串接所引起的转子电流分量与旋转磁场相互作用所产生的转矩分量,如图 5-41 所示。

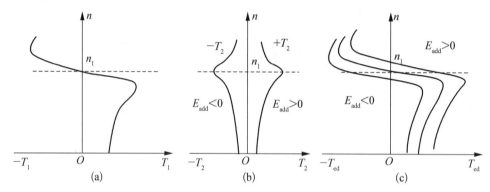

**图 5-41 串接调速时异步电动机的电动特性**

(a) $n = f(T_1)$ 曲线;(b) $n = f(T_2)$ 曲线;(c) $n = f(T_{ed})$ 曲线

串级调速系统的核心环节是产生交流附加电动势 $E_{add}$ 的装置。由于异步电动机转子中感应电势 $sE_{r0}$ 的频率是随着转速而变化的,在任何转速下串入转子的 $E_{add}$ 必须与 $sE_{r0}$ 保持相同的频率,这就要求交流附加电势 $E_{add}$ 的频率可以调节,且在电机调速时 $E_{add}$ 的频率必须随着 $sE_{r0}$ 频率的改变而同步变化。目前 $E_{add}$ 大多采用由电力电子器件组成的变频装置。串接调速系统结构如图 5-42 所示。

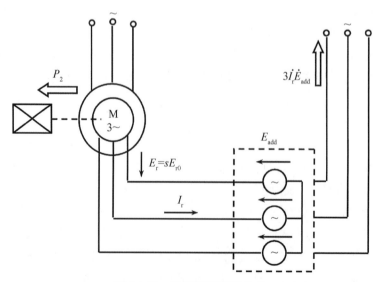

**图 5-42 串接调速系统结构**

3）转差功率不变型异步电动机调速方法

这种调速方法是在转差功率中转子铜损部分的消耗是不可避免的,但由于这类调速方法无论转速高低,转差率保持不变,所以转差功率的消耗也基本不变,因此效率最高。这类调速系统中,转差功率只有转子铜耗,而且无论转速高低,转差功率基本不变。这类调速方法主要有变极调速和变频调速两种。

（1）变极调速——多速异步电动机。

由于一般异步电动机正常运行时的转差率很小,电动机的转速 $n = n_1(1-s)$ 主要取决于同步转速。从 $n_1 = 60f_1/n_p$ 可知,在电源频率保持不变的情况下,改变定子绕组的极对数 $n_p$,即可改变电动机的同步转速 $n_1$,从而使电动机的转速 $n$ 也随之改变,这就是变极调速的基本原理。

改变定子绕组的极对数,通常用改变定子绕组的联结方式来实现。变极可以采用多种方式方法,如图 5-43 所示。下面仅以"倍极比反向变极法"为例说明其原理。

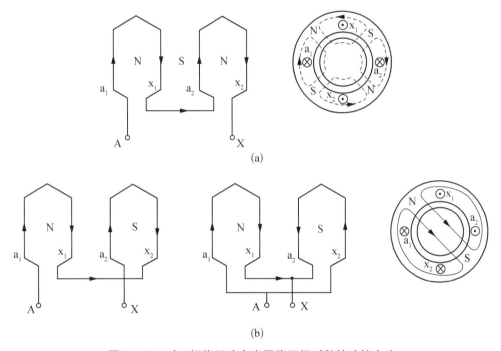

图 5-43　对一相绕组改变定子绕组极对数的改接方法
（a）4 极磁场；（b）2 极磁场

由此可知,若要使定子绕组的极对数改变一倍,只要改变定子绕组的连接方式,即将每相绕组分成两个"半相绕组",通过改变其引出端的连接方式,使其中任一"半相绕组"中的电流反向,即可使定子绕组的极对数增大（或减少）一倍。常用的改变定子绕组极对数的连接方法有两种,如图 5-44 所示。

上述两种变极连接方法,虽然都能使定子绕组的极对数减少一半,转速增大一倍,但电动机的负载能力的变化却不同。所谓调速过程中电动机负载能力的变化,是指在保持定子

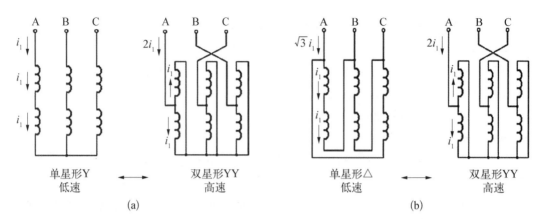

图 5-44 单绕组双速电动机定子三相绕组改变连接的方法

(a) Y/YY 改接法;(b) △/YY 改接法

电流为额定值的条件下,调速前后电动机轴上输出的转矩和功率的变化。

现分析以上两种变极调速方法改接前后电动机的输出转矩和功率的变化情况。设电源线电压为 $U_N$,当定子绕组由单星形改接成双星形时,改接前电动机的输出功率为

$$P_{2Y} = 3U_s I_s \cos \varphi_1 \cdot \eta = 3 \frac{U_N}{\sqrt{3}} I_s \cos \varphi_1 \cdot \eta \qquad (5-15)$$

改接成双星形后,如保持定子绕组相电流 $I_s$ 不变,并假设在改接后,$\eta$ 和 $\cos \varphi_1$ 均保持不变,则电动机的输出功率为

$$P_{2YY} = 3U_s 2I_s \cos \varphi_1 \eta = 3 \frac{U_N}{\sqrt{3}} 2I_s \cos \varphi_1 \eta \qquad (5-16)$$

比较两式可知:改接前后电动机的输出功率之比 $P_{2YY}/P_{2Y}=2$,即改接后电动机的输出功率增加了一倍。

根据异步电动机的输出转矩与输出功率间的关系 $T_e = 975P_2/n$,由于改接后输出功率增加一倍,转速也增加一倍,因此改接前后电动机输出的转矩之比为

$$\frac{T_{eY}}{T_{eYY}} = \frac{975P_{2Y}}{975P_{2YY}} \cdot \frac{2n}{n} = 1 \qquad (5-17)$$

上式说明:Y/YY 变极调速属于恒转矩性质,其机械特性如图 5-45 所示。这种变极调速方法适用于恒转矩负载的拖动系统,如起重机、传输带等机械。

当定子绕组由三角形改接成双星形时,改接前电动机的输出功率为

$$P_{2\triangle} = 3U_s I_s \cos \varphi_1 \eta = 3U_N \frac{I_N}{\sqrt{3}} \cos \varphi_1 \eta \quad (5-18)$$

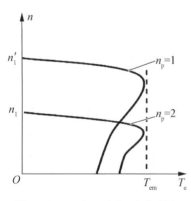

图 5-45 Y/YY 变极时,恒转矩调速的机械特性

改接成双星形后,如保持定子绕组相电流 $I_s$ 不变,并

假设在改接后，$\eta$ 和 $\cos\varphi_1$ 均保持不变，则电动机的输出功率为

$$P_{2YY} = 3U_s 2I_s \cos\varphi_1 \eta = 3\frac{U_N}{\sqrt{3}} 2I_s \cos\varphi_1 \eta \tag{5-19}$$

比较两式可得改接前后电动机的输出功率之比为

$$P_{2YY}/P_{2\triangle} = \frac{2}{\sqrt{3}} = 1.15 \tag{5-20}$$

即采用△/YY 改接方法，电动机的输出功率在改接前后基本保持不变，所以△/YY 变极调速属于恒功率性质。根据转矩关系式可知，采用△/YY 改接方法，当转速增加一倍时，转矩则减小一半。其机械特性如图 5-46 所示。

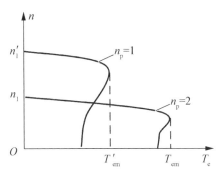

图 5-46　△/YY 变极时，恒功率调速的机械特性

从以上分析可以看出，异步电动机的变极调速简单可靠、成本低、效率高、机械特性硬，且既可适用于恒转矩调速也可适用于恒功率调速，属于转差功率不变型调速方法。但变极调速是有级调速，不能实现均匀平滑的无级调速，且能实现的速度档也不可能太多。此外，多速电动机的尺寸一般比同容量的普通电动机稍大，运行性能也稍差一些，且接线头较多，并需要专门的换接开关，但总体上，变极调速还是一种比较经济的调速方法。

（2）变频调速。

从异步电动机的转速公式 $n = n_1(1-s)$ 可知，若改变电源频率 $f_1$，则可平滑地改变异步电动机的同步转速 $n_1 = 60f_1/n_p$，异步电动机的转速 $n$ 也随之改变，所以改变电源频率可以调节异步电动机的转速。变频调速属于转差功率不变型调速类型，具有调速范围宽、平滑性好等特点，是异步电动机调速最有发展前途的一种方法。随着电力电子技术的发展，许多简单可靠、性能优异、价格便宜的变频调速装置已得到广泛应用。

在异步电动机调速时，总是希望主磁通 $\Phi_m$ 保持为额定值，这是因为如果磁通太弱，电动机的铁心得不到充分利用造成浪费；而如果磁通太强，又会使铁心饱和，导致过大的励磁电流，严重时甚至会因绕组过热而损坏电机。对于直流电动机，其励磁系统是独立的，只要对电枢反应的补偿合适，容易保持 $\Phi_m$ 不变，而在异步电动机中，磁通是定子和转子磁势共同作用的结果，所以保持 $\Phi_m$ 不变的方法与直流电动机的情况不同。

根据异步电动机定子每相电动势有效值的公式：

$$E_s = 4.44 f_1 N_1 k_{W1} \Phi_m \tag{5-21}$$

如果略去定子阻抗压降，则定子端电压 $U_s \approx E_s$，即有

$$U_s \approx E_s = 4.44 f_1 N_1 k_{W1} \Phi_m \tag{5-22}$$

式（5-22）表明，在变频调速时，若定子端电压不变，则随着频率 $f_1$ 的升高，气隙磁通

$\Phi_m$ 将减小。又从转矩公式

$$T_e = C_T \Phi_m I'_r \cos \varphi_2 \tag{5-23}$$

可知,在转子电流相同的情况下,$\Phi_m$ 减小势必导致电动机输出转矩下降,使电动机的利用率恶化。同时,电动机的最大转矩也将减小,严重时会使电动机堵转。

反之,若减小频率 $f_1$,则 $\Phi_m$ 将增加,使磁路饱和,励磁电流上升,导致铁损急剧增加,这也是不允许的。因此,在变频调速过程中应同时改变定子电压和频率,以保持主磁通不变。

如何按比例改变电压和频率,分为基频(额定频率)以下和基频以上两种情况,以下仅介绍基频以下调速。

根据上式,要保持 $\Phi_m$ 不变,应使定子端电压 $U_s$ 与频率 $f_1$ 成比例地变化,即

$$\frac{U_s}{f_1} \approx \frac{E_s}{f_1} = 常数 \tag{5-24}$$

由最大转矩公式

$$T_{em} = \frac{3n_p}{2\pi f_1} \frac{U_s^2}{2(\sqrt{R_s^2 + (X_s + X'_{r0})^2} + R_s)} \tag{5-25}$$

其中 $X_s + L'_{r0} = 2\pi f_1(L_s + L'_{r0})$,当 $f_1$ 相对较高时,因 $(X_s + X'_{r0}) \gg R_s$ 可忽略定子电阻 $R_s$,这样上式可简化为

$$T_{em} \approx \frac{3n_p U_s^2}{8\pi f_1^2 (L_s + L'_{r0})} = C \frac{U_s^2}{f_1^2} \tag{5-26}$$

由于 $T_{em} = K_T T_N$,因此为了保证变频调速时电机过载能力不变,就要求变频前后的定子端电压、频率及转矩满足。

$$\frac{U_s^2}{f_s^2 T_N} = \frac{U'^2_s}{f'^2 T'_N} \qquad \frac{U_s}{f_1} = \frac{U'_s}{f'_1} \sqrt{\frac{T_N}{T'_N}} \tag{5-27}$$

式(5-27)表示,在变频调速时为了使异步电动机的过载能力保持不变,定子端电压的变化规律。

对于恒转矩调速,因为 $T_N = T'_N$,由上式可得

$$U_s/f_1 = U'_s/f'_1 = 常数 \tag{5-28}$$

即对于恒转矩负载,采用恒压频比控制方式,既保证了电机的过载能力不变,同时又满足主磁通 $\Phi_m$ 保持不变的要求。这说明变频调速适用于恒转矩负载。

分析恒压频比控制变频调速时,异步电动机的人为机械特性。因为 $U_s/f_1 = 常数$,故磁通 $\Phi_m$ 基本保持不变也近似为常数,此时异步电动机的电磁转矩可表示为

$$T_e = \frac{3n_p}{2\pi} \left(\frac{U_s}{f_1}\right)^2 \frac{sf_1 R'_r}{(sR_s + R'_r)^2 + s^2(X_s + X'_{r0})^2} \tag{5-29}$$

由于 $U_s/f_1 = 常数$,且当 $f_1$ 相对较高时,从式(5-29)可看出,不同频率时的最大转矩

$T_{em}$保持不变,所对应的最大转差率为

$$s_m = \frac{R'_r}{\sqrt{R_s^2 + (X_s + X'_{r0})^2}} \approx \frac{R'_r}{X_s + X'_{r0}} \propto \frac{1}{f_1} \tag{5-30}$$

不同频率时最大转矩所对应的转速降落为:

$$\Delta n_m = s_m n_1 = \frac{R'_r}{\sqrt{R_s^2 + (X_s + X'_{r0})^2}} \frac{60 f_1}{n_p} \approx \frac{60 R'_r}{2\pi n_p (L_s + L'_{r0})} \tag{5-31}$$

因此,恒压频比控制变频调速时,由于最大转矩和最大转矩所对应的转速降落均为常数,此时异步电动机的机械特性是一组相互平行且硬度相同的曲线,如图 5-47 所示。

但在 $f_1$ 变到很低时,$(X_s + X'_{r0})$ 也很小,$R_s$ 不能被忽略,且由于 $U_s$ 和 $E_s$ 都较小,定子阻抗压降所占的份额比较大。此时,最大转矩和最大转矩对应的转速降落不再是常数,而是变小了。为保持低频时电动机有足够大的转矩,可以人为地使定子电压 $U_s$ 抬高一些,近似地补偿一些定子压降。

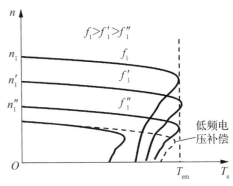

图 5-47　恒压频比控制变频调速的机械特性

对于恒功率调速,由于:

$$P_{em} = \frac{2\pi f_1}{n_p} T_N = \frac{2\pi f'_1}{n_p} T'_N \tag{5-32}$$

保持恒定,则

$$f_1 T_N = f'_1 T'_N \tag{5-33}$$

即

$$T_N / T'_N = f'_1 / f_1 \tag{5-34}$$

代入式(5-34)可得

$$\frac{U_s}{\sqrt{f_1}} = \frac{U'_s}{\sqrt{f'_1}} \qquad \frac{U_s}{U'_s} = \sqrt{\frac{f_1}{f'_1}} \tag{5-35}$$

由此可见,在恒功率调速时,如按 $U_s / \sqrt{f_1}$ =常数,控制定子电压的变化,能使电机的过载能力保持不变,但磁通将发生变化;若按 $U_s / f_1$ =常数,控制定子电压的变化,则磁通 $\Phi_m$ 将基本保持不变,但电机的过载能力保持将在调速过程中发生变化。

### 3. 异步电动机的制动

与直流电动机一样,三相异步电动机也可以工作在制动运转状态。制动状态时,电动机的电磁转矩方向与转子转动方向相反,起着制止转子转动的作用,电动机由轴上吸收机械能,并转换成电能。电动机制动作用有制动停车、加快减速过程和变加速运动为等速运动三种,制动的方法主要有能耗制动、反接制动和回馈制动三种,下面主要介绍能耗制动。

1）能耗制动的原理

如图 5-48 所示，是将转子的动能转换成电能，消耗在转子回路中，所以称为能耗制动。

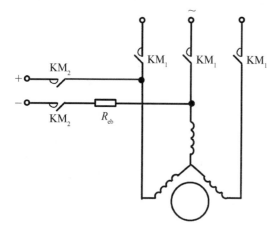

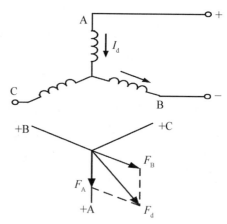

图 5-48　异步电动机能耗制动电路原理　　　　图 5-49　直流电所产生的磁动势

2）等效交流电流与直流励磁电流的关系

为了分析异步电动机能耗制动的特性，可将直流电流产生的不对称励磁系统用磁动势幅值与它等效的对称三相交流电流系统来代替。

直流电所产生的磁动势，如图 5-49 所示。设定子绕组 Y 形联接时，通入定子电流为 $I_d$，在 A 相和 B 相绕组产生的磁动势分别 $F_A$ 和 $F_B$，其合成磁动势为 $F_d$。

$$F_A = F_B = \frac{4}{\pi} \frac{N_1 k_{N1}}{2n_p} I_d \tag{5-36}$$

$$F_d = \sqrt{3} \frac{4}{\pi} \frac{N_1 k_{N1}}{2n_p} I_d \tag{5-37}$$

假如通入三相交流电时，每相交流电流的有效值为 $I_s$，所产生的定子磁势 $F_s$ 大小为

$$F_s = \frac{6}{\pi} \frac{\sqrt{2} N_1 k_{N1}}{2n_p} I_s \tag{5-38}$$

按等效原则，应有 $F_s = F_d$，所以

$$I_s = \sqrt{\frac{2}{3}} I_d \tag{5-39}$$

式 5-39 表明：对于图 5-49 所示的定子绕组 Y 形联接时通入直流电 $I_d$ 所产生的磁动势，可以用定子绕组通入大小为式 5-40 的三相交流电产生的磁动势等效

$$I_s = \sqrt{\frac{2}{3}} I_d \tag{5-40}$$

3）转差率和等效电路

能耗制动时，由直流电流产生的磁动势 $F_d$ 相对于定子是静止的，而相对于转子是反方

向旋转,转速为 $-n$。因此,能耗制动时等效异步电动机的转差率 $s_d$ 为

$$s_d = -\frac{n}{n_1} \tag{5-41}$$

经过以上等效后,分析能耗制动特性就可以应用分析异步电动机的方法来进行。对应于转速 $n$,转子绕组的感应电动势、转子频率及转子电抗分别为

$$E_r = s_d E_{r0} \quad f_2 = s_d f_1 \quad X_r = s_d X_{r0} \tag{5-42}$$

再把转子绕组折算到定子侧,则可得到三相异步电动机能耗制动的等效电路及相量图,如图 5-50 所示。

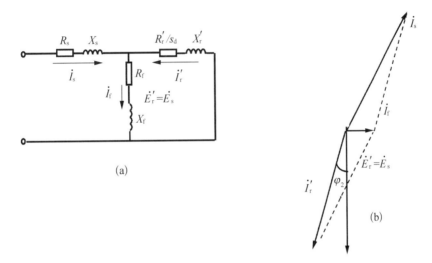

**图 5-50　异步电动机能耗制动等效电路与相量图**

(a) 等效电路;(b) 相量图

### 5.3.4　同步电机的启动、调速控制

#### 1. 同步电动机的启动

同步电动机在正常运行时,转子恒以同步速度旋转,使旋转的转子磁场与定子因电磁作用而旋转的磁场保持相对静止,从而使得同步电动机产生稳定的电磁转矩,故同步电动机能够带动负载稳定地并恒以同步速度运行。但是要利用这两个定、转子磁场之间的作用使电动机在 50 Hz 的交流电源下从静止状态启动起来,却是非常困难的(见图 5-51)。

1) 辅助电动机启动

选用一台和同步电动机极数相同的异步

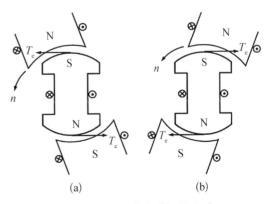

**图 5-51　同步电动机的启动**

电动机(其容量为主机的 5%～15%)作为辅助电动机来牵引同步电动机。

2) 异步启动

现代多数同步电动机,在其转子上都装有类似异步电动机的笼型绕组(称为启动绕组)。在定子接通电源后,启动绕组中便能产生异步电磁转矩启动电机,等转速接近同步转速时,再通入励磁电流,利用同步电磁转矩将电机牵入同步转速。这种启动方法,是目前同步电动机最常用的启动方法。同步电动机异步启动原理图如图 5-52 所示。

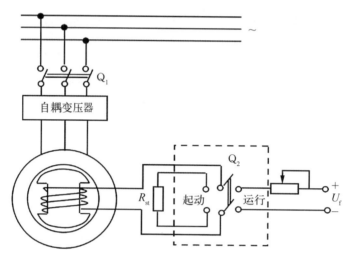

图 5-52　同步电动机异步启动原理图

异步启动时,励磁绕组不能开路,否则由于励磁绕组匝数很多,定子旋转磁场将在励磁绕组内感应很高的电压,可能会击穿励磁绕组的匝间绝缘,甚至造成人身事故。异步启动时,励磁绕组也不能直接短路。如果直接短路,励磁绕组(相当于一个单相绕组)中将产生一个很大单相电流,此单相电流与旋转气隙磁场相互作用,将产生一个较大附加转矩(单轴转矩),使异步启动失败。因此,通常选用一个阻值为励磁绕组本身阻值 10 倍左右的启动电阻 $R_{st}$ 与转子励磁绕组串接,以减小励磁绕组中的感应电流,削弱单轴转矩对启动的影响。

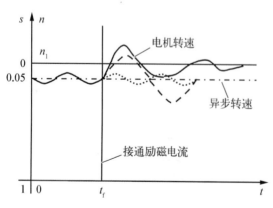

图 5-53　由同步转矩所引起的转速
振荡及牵入同步过程

在异步启动阶段,要求启动转矩 $T_{st}$ 和名义牵入转矩 $T_{pi}$ 都要大。名义牵入转矩是指当 $n = 0.95n_1$ 时电动机的异步转矩,$T_{pi}$ 越大,电动机越容易牵入同步转速。显然 $T_{st}$ 和 $T_{pi}$ 与启动绕组的电阻有关,电阻越大,启动转矩 $T_{st}$ 越大,名义牵入转矩 $T_{pi}$ 却越小。因此,启动绕组阻值的选择,可根据电动机所拖动的负载对启动的不同要求而统筹考虑。由同步转矩所引起的转速振荡及牵入同步过程,如图 5-53 所示。

3）变频启动

为了避免直接接通电源时转子上受到迅速交变的脉振转矩的作用,在启动时可先把加在定子上的电源电压频率调到很低,在转子绕组通入励磁电流的情况下,使三相合成旋转磁场的转速也很低,利用电机的同步电磁转矩启动电机。随着转子转速的上升,逐步升高加在定子上的电源电压的频率,直至额定值,使同步电动机被牵入同步转速。这是一个很好的启动方案,又被称为"软启动"方法。但利用这种方法启动,必须要有频率可调的变频电源。

**2. 同步电动机的变频调速**

同步电动机是以其转速 $n$ 与供电电源频率 $f_1$ 之间保持严格同步关系而命名的,即只要电源频率保持不变,同步电动机的转速就恒定不变而与负载大小无关。因此要改变同步电动机的转速,只有通过改变其供电电源的频率来达到,即采用变频调速的方法。

正常运行时,同步电动机的转子旋转速度就是与旋转磁场同步的转速,转差率 $s$ 恒等于0,没有转差功率,其变频调速属于转差功率不变型。就频率控制的方法而言,同步电动机变频调速系统可以分为他控式变频调速和自控式变频调速两大类。

$$n_1 = \frac{60f_1}{n_p} \tag{5-43}$$

1）他控式同步电动机变频调速系统

他控式同步电动机变频调速系统所用的变频装置是独立的,变频装置的输出频率是由转速给定信号决定的,这种调速系统一般为开环控制系统,如图 5-54 所示。

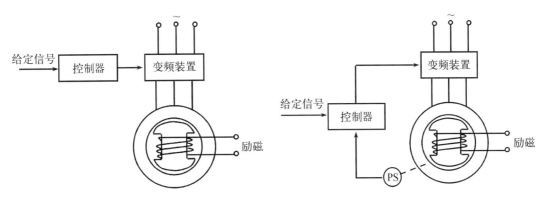

**图 5-54　他控式同步电动机变频调速系统**　　　**图 5-55　自控式同步电动机变频调速系统**

2）自控式同步电动机变频调速系统

自控式同步电动机变频调速系统所用的变频装置是非独立的,变频装置的输出频率是由电动机本身轴上所带转子位置检测器或电动机反电动势波形提供的转子位置信号来控制的,这种调速系统均为转速闭环控制系统,如图 5-55 所示。自控式同步电动机常见的几种调速系统的特点如表 5-4 所示。

表5-4　几种自控式同步电动机变频调速系统的功率范围和使用场合

| 调 速 系 统 | 电机类型 | 使 用 场 合 |
|---|---|---|
| 伺服系统、无刷直流电动机系统（交—直—交电压型变频器） | 永磁同步电动机 | 机床、机器人、柔性制造系统。转速可达 3 000 r/min |
| 负载换向同步电动机调速系统（交—直—交电流型变频器） | 直流励磁同步电动机 | 精轧机（高速 850～1 800 r/min）风机、泵类及大型同步电动机的软启动 |
| 交-交变频器同步电动机矢量控制系统 | | 初轧机、连轧机、提升机（低速 600 r/min） |

📖 **拓展阅读**

　　电控系统是电动车的大脑,指挥着电动汽车电子器件的运行,而车载能源系统是电控系统中的核心技术,它是衔接电池以及电池组和整车系统的一个纽带,其中包括电池管理技术、车载充电技术以及能源系统总线技术等。因此,车载能源系统技术日益成为产业应用技术研究的重要方向,并且,也日益成为产业发展的重要标志。目前,该技术已经成为制约电动汽车产业链衔接和发展的重要瓶颈。

　　电动汽车出现由研发向产业化转型的迹象,骨干汽车企业和动力蓄电池、驱动电机、控制器等核心部件生产企业在几年的推广和示范工作中发展壮大,并推出了一系列满足性能要求的产品。但是作为共性关键技术的驱动电机、电池等关键零部件技术,其可靠性、成本、耐久性等主要指标尚不能满足电动汽车发展的需求,成为电动汽车发展的主要制约因素。

　　从电动汽车的产业链来看,受益端主要可能集中在核心零部件,上游资源端中对资源控制力强的公司也会较为受益。

　　研发困难的主要原因如下:

　　第一,电池是当前电动汽车技术和成本上的最大瓶颈。

　　第二,由于矿物资源的稀缺性,锂、镍等上游资源类企业也将有较大获利。

　　第三,整车厂商目前比较杂乱、没有确定的垄断领先优势,应首先关注拥有核心技术或者拥有技术上成熟、可商业化车型的厂商。

　　电动汽车电机对驱动系统要求:高电压、小质量、较大的启动转矩和较大的调速范围、良好的启动性能和加速性能、高效率、低损耗、高可靠性。在选择电动汽车电机驱动系统时,需要考虑的几个关键问题:成本、可靠性、效率、维护、耐用性、重量和尺寸、噪声等。在纯电动汽车选择电机时包括电机类型、功率、扭矩、转速的选择。

## 本章习题

### 一、选择题

1. 电动汽车主要以(　　)为能源。

A. 动力电池　　　　　B. 发动机　　　　　　C. 发电机　　　　　D. 电动机

2. 三相异步电机中产生旋转磁场的是(　　)。

A. 转子绕组　　　　　B. 定子绕组　　　　　C. 铁心　　　　　　D. 气隙

3. 三相异步电机中在磁场作用下产生感应电动势的是(　　)。

A. 转子绕组　　　　　B. 定子绕组　　　　　C. 铁心　　　　　　D. 气隙

### 二、判断题

1. 电动机是将机械能转化成电能,通过传动装置或直接驱动车轮和工作装置。　(　　)

2. 交流异步电机中的异步指的是转子和定子的旋转磁场转速不同。　　　　　(　　)

3. 开关磁阻电机的转子磁极上绕有线圈以提供磁场。　　　　　　　　　　(　　)

### 三、简答题

1. 笼型转子异步电动机在什么条件下可以直接启动? 不能直接启动时,为什么可以采用减压启动? 减压启动对启动转矩有什么影响?

2. 深槽式异步电动机和双笼型转子异步电动机的启动转矩较大,其原因是什么?

3. 异步电动机有哪几种调速方法? 各有什么特点?

4. 同步电动机和异步电动机的转速各有什么特点?

5. 同步电动机调速系统有哪些类型? 各有什么特点?

# 第6章
# 燃料电池电动汽车技术

## 学习目标

（1）了解燃料电池电动汽车的技术发展。
（2）熟悉燃料电池电动汽车的定义和分类。
（3）掌握燃料电池电动汽车的结构与工作原理。
（4）熟悉质子交换膜燃料电池工作原理。

## 问题导入

燃料电池技术在汽车上的应用给汽车产业发展带来了革命性的突破，同时也推动了自身的发展。燃料电池可以用作汽车的动力电源，也可以用作辅助电源。燃料电池电动汽车不像传统的蓄电池电动汽车那样需要长时间充电，而只需补充燃料即可继续工作，这一点对汽车驾驶者来说尤为方便。那么，燃料电池电动汽车是如何工作的呢？

## 6.1　燃料电池电动汽车结构

### 6.1.1　燃料电池电动汽车类型

1. 定义

燃料电池电动汽车（fuel cell electric vehicle，FCEV），兴起于20世纪70年代末，是利用氢气等燃料和空气中的氧在催化剂的作用下，在燃料电池中经电化学反应产生的电能，并作为主要动力源驱动的汽车。由于该车型的排放物为水，氢氧利用率较高，因此被普遍认为是一种新型、高效、清洁的环保车型。

燃料电池电动汽车实质上是电动汽车的一种，在车身、动力传动系统、控制系统等方面，它与普通电动汽车基本相同，主要区别在于动力电池的工作原理不同。燃料电池的反应机理是将燃料中的化学能不经过燃烧直接转化为电能，即通过电化学反应将化学能转化为电能，实际上就是电解水的逆过程，通过氢氧的化学反应生成水并释放电能。电化学反应所需的还原剂一般采用氢气,氧化剂则采用氧气,因此最早开发的燃料电池电动汽车多是直接采用氢燃料,氢气的储存可采用液化氢、压缩氢气或金属氢化物储氢等形式。

2. 特点

(1) 能量转化效率高。燃料电池的反应不经过热机过程,因此其能量转换效率不受卡诺循环的限制,能量转化效率高,燃料电池的能量转换效率可高达 $60\%\sim80\%$,为内燃机的 $2\sim3$ 倍。

(2) 零排放,不污染环境。燃料电池的燃料是氢和氧,生成物是清洁的水。

(3) 氢燃料来源广泛,可以从可再生能源中获得,不依赖石油燃料。

因此,燃料电池技术的研究和开发备受各国政府与大公司的重视,被认为是 21 世纪的洁净、高效的发电技术之一。

3. 类型

燃料电池电动汽车(FCEV)按燃料特点可分为直接式燃料电池电动汽车和间接式燃料电池电动汽车。

直接式燃料电池电动汽车的燃料主要是氢气;间接式燃料电池电动汽车的燃料主要有汽油、天然气、甲醇、甲烷、液化石油气等。氢燃料电池电动汽车排放无污染,被认为是最理想的汽车。

FCEV 按氢燃料的存储方式可分为压缩氢燃料电池电动汽车、液氢燃料电池电动汽车和合金(碳纳米管)吸附氢燃料电池电动汽车。

FCEV 按"多电源"的配置不同,可分为纯燃料电池驱动(pure fuel cell drive,PFC)的 FCEV、燃料电池与辅助蓄电池联合驱动(fuel cell and battery,FC+B)的 FCEV、燃料电池与超级电容联合驱动(fuel cell and capacitance,FC+C)的 FCEV 以及燃料电池与辅助蓄电池和超级电容联合驱动(fuel cell and battery and capacitance,FC+B+C)的 FCEV。其中,采用燃料电池与辅助蓄电池联合驱动的 FCEV 使用较为广泛。

1) PFC 型燃料电池电动汽车

PFC 型燃料电池电动汽车只有燃料电池一个动力源,汽车需要的所有功率都由燃料电池提供。PFC 型燃料电池电动汽车动力系统结构如图 6-1 所示。

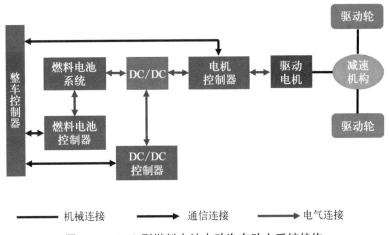

图 6-1　PFC 型燃料电池电动汽车动力系统结构

该系统优点是：结构简单，系统控制和整体布置容易；系统部件少，有利于整车的轻量化；整体的能量传递效率高，从而提高整车的燃油经济性。

缺点是：燃料电池功率大、成本高；对燃料电池系统的动态性能和可靠性提出了很高的要求；不能进行制动能量回收。

PFC 型燃料电池电动汽车采用的是混合动力结构，它与传统意义上的混合动力结构的差别仅在于发动机是燃料电池而不是内燃机。在燃料电池混合动力结构的汽车中，燃料电池和辅助能量存储装置共同向驱动电机提供电能，通过减速机构来驱动汽车。

PFC 型燃料电池电动汽车在工作的过程中，将燃料电池中的氢气和氧气反应产生的电能，通过 DC/DC 转换器转化传给驱动电机，驱动电机将电能转化成机械能再传给减速机构，从而驱动汽车行驶。

2）FC+B 型燃料电池电动汽车

FC+B 型燃料电池电动汽车与 PFC 型燃料电池电动汽车结构有些不同，该类型汽车在 PFC 型燃料电池电动汽车的结构上增加辅助动力电池，来联合驱动燃料电池电动汽车动力系统。FC+B 型燃料电池电动汽车的动力系统结构如图 6-2 所示。

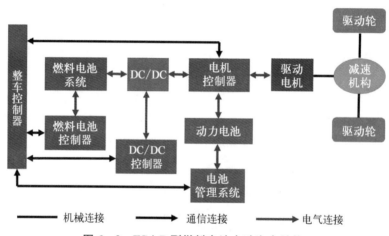

**图 6-2　FC+B 型燃料电池电动汽车结构**

目前这种结构形式应用较为广泛，它解决了诸如辅助设备供电、水热管理系统供电、燃料电池堆加热、能量回收等问题。

该系统优点如下：

（1）系统对燃料电池的功率要求较纯，燃料电池结构形式有很大的降低，从而大大降低了整车成本。

（2）燃料电池可以在比较好的、设定的条件下工作，工作时燃料电池的效率较高。

（3）系统对燃料电池的动态响应性能要求较低。

（4）汽车的冷启动性能较好。

（5）可以回收汽车制动时的部分动能。

该系统缺点如下：

　　由于动力电池的使用使得整车质量增加,动力性和经济性受到影响,这一点在能量复合型混合动力电动汽车上表现更为明显;动力电池充放电过程会有能量损耗,系统变得更复杂,系统控制和整体布置难度增加。

　　3) FC+C型燃料电池电动汽车

　　FC+C型燃料电池电动汽车在加速行驶的过程中,燃料电池和动力电池一起为电动机提供能量,驱动电机将电能转换成机械能再传递给减速机构,从而驱动汽车行驶;在正常行驶过程中,由燃料电池为整车提供能量;在制动过程中,驱动电机变成发电机,动力电池将储存制动回馈的能量。动力电池充放电响应较快,当能量需求变化较大时,由动力电池迅速释放或吸收能量,对动力系统进行能量补偿和调节,从而保障汽车的动力性能。燃料电池与超级电容器联合驱动的燃料电池电动汽车动力系统结构如图6-3所示。

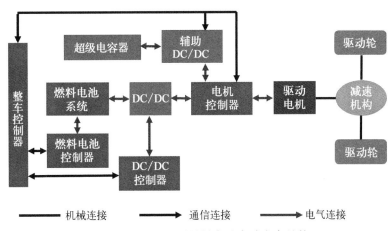

**图6-3　FC+C型燃料电池电动汽车结构**

　　但是,超级电容器的比能量低、能量存储有限、峰值功率持续时间短,同时这种混合动力系统结构复杂,对系统各部件之间的匹配控制要求高,这些都成为制约燃料电池和超级电容器混合动力系统发展的关键因素。随着超级电容器技术的不断进步,这种结构将成为一种重要的发展方向。

　　4) FC+B+C型燃料电池电动汽车

　　FC+B+C型燃料电池电动汽车燃料电池与动力电池和超级电容器联合驱动车辆行驶。FC+B+C型燃料电池电动汽车主要组成如图6-4所示。

　　这种结构与FC+B的结构相比优点更加明显,尤其是在部件效率、动态特性、制动能量回馈等方面。缺点是增加了超级电容器,整个系统的重量可能增加;系统更加复杂化,系统控制和整体布置的难度也随之增大。

　　FC+B+C型燃料电池电动汽车在行驶过程中,燃料电池和超级电容一起为驱动电机提供能量,驱动电机将电能转换成机械能再传递给减速机构,从而驱动汽车行驶;在汽车制动时,驱动电机变成发电机,动力电池和超级电容存储回馈的能量。在燃料电池、动力电池和超级电容联合供电时,燃料电池能量输出较为平缓,随时间波动小,而能量需求变化的低

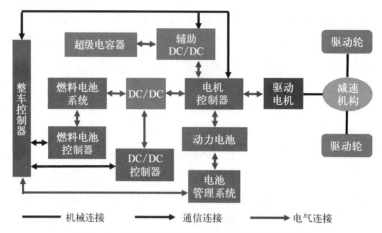

图 6 - 4  FC＋B＋C 型燃料电池电动汽车结构

频部分由动力电池分担,能量需求变化的高频由超级电容承担。在这种结构中,各动力源的分工更加明确,因此它们的优势能够得到更好的发挥。

## 6.1.2 燃料电池电动汽车结构

纯燃料电池汽车只有燃料电池一个动力源,汽车的所有功率负荷都由燃料电池承担。因此,燃料电池汽车多采用混合驱动形式,在燃料电池的基础上,增加了一组电池或超级电容作为另一个动力源。燃料电池的基本组成有电极、电解质、燃料和氧化剂。燃料可以是氢气($H_2$)、甲烷($CH_4$)、甲醇($CH_3OH$)等,氧化剂一般是氧气或空气,电解质为酸碱溶液($H_2SO_4$、$H_2PO_4$、NaOH 等)、熔融盐($NaCO_3$、$K_2CO_3$)、固体聚合物、固体氧化物等。与普通电池不同的是,只要能保证燃料和氧化剂的供给,燃料电池就可以连续不断地产生电能。

燃料电池电动汽车主要由燃料电池、高压储氢罐、辅助动力源、DC/DC 转换器、驱动电机和整车控制器等组成,如图 6 - 5 所示。

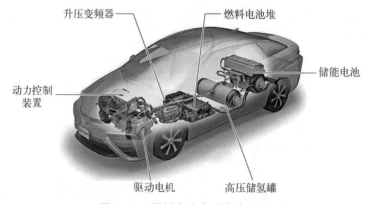

图 6 - 5  燃料电池电动汽车组成

1. 燃料电池

燃料电池是燃料电池汽车的主要动力源,它是一种不燃烧燃料而直接以电化学反应方式将燃料的化学能转变为电能的高效发电装置。

2. 高压储氢罐

储氢罐是气态氢的储存装置,用于给燃料电池提供氢气。为了保证燃料电池电动汽车一次充气有足够的续驶里程,就需要多个高压储气罐来储存气态氢气。每个储氢罐最大可以储存 5 kg 氢燃料,储气压力可达 70 MPa,一般轿车需要 2～4 个高压储气罐,大客车需要5～10 个高压储气罐。

3. 辅助动力源

因 FCEV 的设计方案不同,其所采用的辅助动力源也有所不同,可以用蓄电池组、超大容量电容器等共同组成双电源系统。

4. DC/DC 转换器

FCEV 的燃料电池需要装置单向 DC/DC 转换器,蓄电池和超级电容器需要装置双向DC/DC 转换器。DC/DC 转换器的主要功能有调节燃料电池的输出电压,能够升压到650 V;调节整车能量分配;稳定整车直流母线电压。

5. 驱动电机

燃料电池电动汽车使用的驱动电机主要有直流电机、交流电机、永磁同步电机和开关磁阻电机等。

6. 整车控制器

整车控制系统是燃料电池汽车的控制核心,由燃料电池管理系统、电池管理系统、驱动电机控制器等组成。它一方面接收来自驾驶员的需求信息(如点火开关、加速踏板、制动踏板、挡位位置信号等)实现整车工况控制;另一方面基于反馈的实际工况(车速、制动、电机转速等)以及动力系统的状况(燃料电池及动力蓄电池的电压、电流等),根据预先设定好的多能源控制策略进行能量分配调节控制。

### 6.1.3　燃料电池电动汽车工作原理

燃料电池电动汽车的工作原理是,作为燃料的氢在汽车搭载的燃料电池中,与大气中的氧气发生氧化还原化学反应,产生出电能来带动电动机工作,由电动机带动汽车中的机械传动结构,进而带动汽车的前桥(或后桥)等行走机械结构工作,从而驱动电动汽车前进。

燃料电池的反应结果会产生极少的二氧化碳和氮氧化物,副产品主要是水,因此被称为绿色新型环保汽车。

## 6.2　燃料电池

燃料电池的开发历史相当悠久。1839 年,格罗夫(W. Grove)通过将水的电解过程逆转,发现了燃料电池的原理。他用铂作电极,以氢为燃料,氧为氧化剂,从氢气和氧气中获取电能,自此拉开了燃料电池发展的序幕。20 世纪 50 年代,培根(F. T. Bacon)成功开发了多孔镍电极,并制备了 5 kW 碱性燃料电池系统,这是第一个实用性燃料电池。20 世纪 90 年代,质子交换膜燃料电池(PEMFC)采用立体化电极和薄的质子交换膜之后,技术取得一系列突破性进展,极大地加快了燃料电池的实用化进程。

### 6.2.1　燃料电池的分类

#### 1. 构造与原理

燃料电池同普通电池概念完全不同,被称为燃料电池只是由于在结构形式上与电池有某种类似,外观、特性像电池,随负荷的增加,输出电压下降。作为发电装置,它没有传统发电装置上的原动机驱动发电装置,而是由燃料同氧化剂反应的化学能直接转化为电能。只要不中断供应燃料,它就可以不停地发电。

燃料电池可以使用多种燃料,包括氢气、一氧化碳以及比较轻的碳氢化合物,氧化剂通常使用纯氧或空气。

它的基本原理相当于电解反应的可逆反应。燃料电池主要由四部分组成,即阳极、阴极、电解质和外部电路。图 6-6 为燃料电池结构,图 6-7 为其电化学反应原理。燃料及氧化剂在电池的阴极和阳极上借助催化剂的作用,电离成离子,由于离子能通过在两电极中间

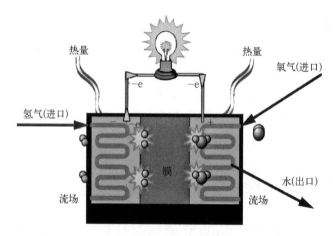

图 6-6　燃料电池的结构

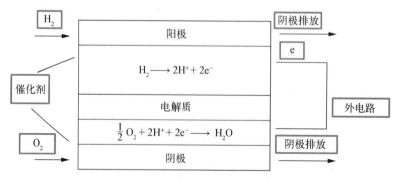

图 6-7　燃料电池的电化学反应原理

的电解质在电极间迁移,在阴电极、阳电极间形成电压。在电极同外部负载构成回路时就可向外供电(发电)。

目前最常见的是氢-氧型燃料电池。基本原理是氢氧反应产生的吉布斯自由能直接转化为电能。其化学反应原理如下:

(1) $H_2$ 通入阳极,在催化剂作用下,一个氢分子分解为两个氢离子 $H^+$,并释放出两个电子,阳极反应为

$$H_2 \longrightarrow 2H^+ + 2e^-$$

(2) 在电池另一端,$O_2$ 或空气到达阴极,同时,$H^+$ 穿过电解质到达阴极,电子通过外电路到达阴极。

(3) 在阴极催化剂的作用下,$O_2$ 和 $H^+$ 与电子发生反应生成水,阴极反应为

$$\frac{1}{2}O_2 + 2H^+ + 2e^- \longrightarrow H_2O$$

(4) 总的化学反应为

$$H_2 + \frac{1}{2}O_2 \longrightarrow H_2O$$

理想的燃料电池系统是可逆热力学系统,在不同的工作温度、工作压力条件下,可通过热力学计算得出在理想可逆情况下燃料电池发电效率及电磁电压的变化规律。

实际上,开始反应产生电流时,燃料电池的工作电压降低很多,其原因主要有以下 3 点:

(1) 在电极上,活化氢气和氧气的能量要消耗一部分电动势。

(2) 电极发生反应后,电池内部的物质移动扩散,所需能量消耗一部分电动势。

(3) 由于电极与电解质之间有接触阻抗,电极和电解质本身也有电阻,也要消耗与电流大小成正比的电动势。

(4) 由于活化阻抗、扩散阻抗和电阻的综合作用,燃料电池单体的实际工作电压一般为 $0.6 \sim 0.8\ V$。

**2. 分类**

燃料电池的分类有多种方法,可以依据其工作温度、燃料种类、电解质类型进行分类。

(1) 按照工作温度分类,燃料电池可分为低温型(工作温度低于 $200\ ℃$)、中温型($200 \sim 750\ ℃$)和高温型(高于 $750\ ℃$)3 种。

(2) 按照燃料的种类分类,燃料电池也可以分为 3 类。第一类是直接式燃料电池,即燃料直接使用氢气;第二类是间接式燃料电池,其燃料通过某种方法把甲烷、甲醇或其他类化合物转变成氢气或富含氢的混合气后再供给燃料电池;第三类是再生燃料电池,是指把电池生成的水经适当方法分解成氢气和氧气,再重新输送给燃料电池。

(3) 按电解质类型分类,可分类如下几类:

① 碱性燃料电池(alkaline fuel cell,AFC):其电解质为碱性的氢氧化钾(KOH),故称为碱性燃料电池。

② 磷酸燃料电池(phosphoric acid fuel cell，PAFC)：其电解质为磷酸，故称为磷酸燃料电池。

③ 熔融碳酸燃料电池(molten carbonate fuel cell，MCFC)：其电解质为含锂和钾的碳酸盐，阴极为镍的氧化物，阳极为镍合金，正常工作温度为 650 ℃。

④ 固体氧化物燃料电池(solid oxide fuel cells，SOFC)：其电解质是固体氧化物，催化剂和电池的结构材料，也都是固体氧化物，故称为固体氧化物燃料电池。

⑤ 质子交换膜燃料电池(proton exchange membrane fuel cells，PEMFC)：其电解质是一种固体有机膜，在增湿情况下，膜可传导质子。其单体主要由膜电极(阳极、阴极)、质子交换膜和集流板组成。

在此分类下，不同类型燃料电池的主要区别如表 6-1 所示。

表 6-1　各种燃料电池的对比

| 燃料电池 | 典型电解质 | 工作温度 | 优　　点 | 缺　　点 | 效率 |
|---|---|---|---|---|---|
| AFC | $KOH-H_2O$ | 80 ℃ | 启动快<br>室温常压下工作 | 需以纯氧作氧化剂<br>成本高 | 70% |
| PAFC | $H_3PO_4$ | 200 ℃ | 对 $CO_2$ 不敏感 | 对 CO 敏感<br>工作温度较高<br>低于峰值功率输出时性能下降 | 40% |
| MCFC | $Z_rO_2-Y_2O_3$ | 650 ℃ | 可用空气作氧化剂<br>可用天然气或甲烷作燃料 | 工作温度高 | >60% |
| SOFC | $Na_2CO_3$ | 1 000 ℃ | 可用空气作氧化剂<br>可用天然气或甲烷作燃料 | 工作温度高 | >60% |
| PEMFC | 含氟质子交换膜 | 80～100 ℃ | 寿命长<br>可用空气作氧化剂<br>工作温度低<br>启动迅速 | 对 CO 敏感<br>反应物需加湿<br>成本高 | >60% |

碱性燃料电池需要纯氢作为燃料并且还要在低温(约 80 ℃)条件下工作，因而适合在汽车上应用；磷酸燃料电池已用于输出功率在 100 kW～400 kW 范围内的固定式发电机，并且还在公共汽车等大型车辆中得到应用；质子交换膜燃料电池(PEMFC)因为其具有电解质无腐蚀性，可以不使用纯氧直接使用空气作为氧化剂，工作温度低，启动时间快等优点，被广泛应用在燃料电池备用电源以及燃料电池汽车上，也是目前发展规模最大的一种燃料电池。

## 6.2.2　质子交换膜氢燃料电池

质子交换膜氢燃料电池(proton exchange membrane fuel cell，PEMFC)是在电动车辆

上最有应用前景的电力能源之一,已经成为用于燃料电池电动汽车的首选技术。

组成质子交换膜燃料电池的基本单元是单体燃料电池。单体电池的电化学电动势为 1 V 左右,其电流密度约为每平方厘米百毫安量级。因此,一个实用化的质子交换膜燃料电池系统,必须通过单体电池的串联和并联形成具有一定功率的电池组,才能满足绝大多数用电负载的需求。除此之外,为保证燃料电池组成为一个连续、稳定的供电电源,还必须为系统配置氢燃料存储单元、空气(氧化剂)供给单元、电池组湿度与温度调节单元、功率变换单元及系统控制单元等。

1. 结构

1) 燃料电池组(堆)

质子交换膜燃料电池的单体电池,其化学电动势为 $1.0\sim1.2$ V,负载时的输出端电压为 $0.6\sim0.8$ V。为满足负载的额定工作电压,必须将单体电池串起来构成具有较高电压的电池组。由于受到材料(如质子交换膜等)及工艺水平的限制,目前,单体电池的输出电流密度在 $300\sim600$ mA/cm$^2$。因此,欲提高燃料电池的输出电流能力,只有将若干串联的电池组并联,组成具有较大输出能力的燃料电池堆。由于燃料电池堆是由大量的单体电池串并联而成,因而,存在着向每个单体电池供给燃料与氧化剂的均匀性和电池组热管理问题。

2) 燃料及氧化剂的储存与供给单元

为使质子交换膜燃料电池实现连续稳定的运行发电,必须配置燃料($H_2$)氧化剂($O_2$或空气)储存与供给单元,以便不间断地向燃料电池提供电化学反应所需的氢和氧。燃料供给部分由储氢器及减压阀组成;氧化剂供给部分由储氧器、减压阀或空气泵组成。

3) 燃料电池相对湿度与温度调节单元

在质子交换膜燃料电池运行过程中,随着负载功率的变化,电池组内部的工况也要相应改变,以保持电池内部电化学反应的正常进行。对质子交换膜燃料电池运行影响最大的两个因素是电池内部的相对湿度与温度。因此,在电池系统中需要配置燃料电池相对湿度与温度调节单元,使质子交换膜燃料电池在负荷变化时仍工作在最佳工况下。

4) 功率变换单元

质子交换膜燃料电池所产生的电能为直流电,其输出电压受内阻的影响,还随负荷的变化而改变。基于上述原因,为满足大多数负载对交流供电和电压稳定度的要求,在燃料电池系统的输出端需要配置功率变换单元。当负载需要交流供电时,应采用 DC/AC 变换器;当负载要求直流供电时,也需要用 DC/DC 变换器实现燃料电池组输出电能的升压与稳压。

5) 系统控制单元

由上述 4 个功能单元的配置和工作要求可知,质子交换膜燃料电池系统是一个涉及电化学、流体力学、热力学、电工学及自动控制等多学科的复杂系统。质子交换膜燃料电池系统在运转过程中,需要调节与控制的物理量和参数非常多,难以手动完成。为使质子交换膜燃料电池系统长时间安全、稳定的发电,必须配置系统控制单元,以实现燃料电池组与各个功能单元的协调工作。

**2. PEMFC 优缺点**

**1) 优点**

质子交换膜燃料电池除具有一般燃料电池不受卡诺循环限制、能量转换效率高、超低污染、运行噪声低、可靠性高、维护方便等特点外,由于采用较薄的固体聚合物膜作电解质,还具有以下优点:

(1) 可低温运行,能实现低温快速启动,适用于车辆。

(2) 比能量和比功率高、效率高。在所有可用的燃料电池类型之中,其功率密度最高。功率密度越高,为满足功率需求所需安装的燃料电池的体积越小。

(3) 结构紧凑、质量小,水易排出。

(4) 采用固态电解质不会出现变形、迁移或从燃料电池中气化,无电解液流失。

(5) 可靠性高,寿命长。

(6) 因唯一的液体是水,本质上可避免腐蚀。

**2) 缺点**

(1) 因需采用贵金属催化剂,电解质膜材料也十分昂贵,成膜制作困难,导致成本很高。

(2) 需用纯净的氢,对 CO 特别敏感,易受 CO 和其他杂质的污染。采用重整燃料气时,需要对燃料气进行净化,去除其中的 CO。

(3) 对温度和含水量要求高,超过最佳工作温度会使其含水量急剧降低,导电性迅速下降,阻碍了通过适当提高工作温度来提高电极反应速度和克服催化剂中毒的难题。

(4) 余热难以有效利用。

### 6.2.3　碱性燃料电池

**1. 碱性燃料电池的发展**

碱性燃料电池(alkaline fuel cell, AFC)是一种燃料电池,由法兰西斯·汤玛士·培根(Francis Thomas Bacon)所发明,以碳为电极,并使用氢氧化钾水溶液为电解质,将存在于燃料与氧化剂中的化学能直接转化为电能的发电装置,是最早获得应用的燃料电池。由于其电解质必须是碱性溶液,因而得名碱性燃料电池。1973 年,成功应用于 Apollo 登月飞船的主电源,使人们看到了燃料电池的诱人前景。碱性燃料电池首次出现在实际应用中,展现出高比功率、高能量转化效率和运行高度可靠的特点。碱性燃料电池的电能转换效率为所有燃料电池中最高的,最高可达 70%。但是诸如成本、易操作性、坚固耐用性以及安全等问题却很难解决。

碱性燃料电池以强碱(如 KOH 溶液)为电解质。在低温 AFC(低于 120 ℃)中,使用的 KOH 溶液的质量分数为 30%~45%;在高温 AFC(约 260 ℃)中,KOH 溶液的质量分数可达 85%。它以氢为燃料,氧为氧化剂,能量转化效率可达 70%,工作电压通常在 0.5~0.9 V。

**2. 工作原理**

通常 AFC 由两个多孔电极以及多孔电极之间的碱性电解质组成,工作原理具体过程:

碱性燃料电池是以强碱为电解质,氢为燃料,氧为氧化剂的燃料电池。在阳极,$H_2$ 与碱中的 $OH^-$ 在电催化剂作用下,发生氧化反应生成水和电子:

$$H_2 + 2OH^- \longrightarrow 2H_2O + 2e^-$$
$$E^0 = -0.828 \text{ V}$$

氢电极反应生成的电子通过外电路到达阴极,在阴极电催化剂的作用下,参与氧的还原反应:

$$\frac{1}{2}O_2 + H_2O + 2e^- \longrightarrow 2OH^-$$

$$E^0 = 0.401 \text{ V}$$

生成的 $OH^-$ 通过饱浸碱液的多孔石棉膜迁移到氢电极。

$$总反应: H_2 + \frac{1}{2}O_2 \longrightarrow H_2O$$

$$E^0 = 1.229 \text{ V}$$

碱性燃料电池的工作原理如图 6-8 所示。阳极侧产生水,而阴极侧氧气还原消耗水,需要等速地从阳极侧排出反应生成的水,从而维持电解液含量的恒定。除此之外,反应生成的热量也要及时排出以维持电池温度的恒定。

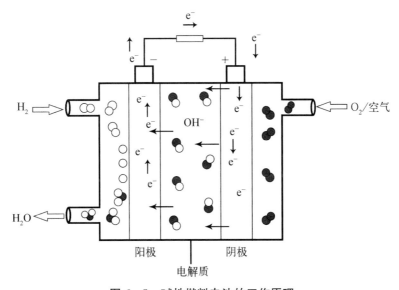

**图 6-8　碱性燃料电池的工作原理**

$KOH$ 和 $NaOH$ 溶液以其成本低,易溶解,腐蚀性低的特点而成为 AFC 首选的电解质。由于碱性电解质易与空气中的 $CO_2$ 反应生成碳酸盐,且 $KOH$ 与 $CO_2$ 反应生成的 $K_2CO_3$ 的溶解度比 $Na_2CO_3$ 的溶解度要高,所以通常选用 $KOH$ 溶液作为电解质。

3. 碱性燃料电池的优缺点

1) AFC 优点

(1) 效率高,因为氧在碱性介质中的还原反应比其他酸性介质高。

(2) 因为是碱性介质,可以用非铂催化剂。

(3) 因工作温度低,碱性介质,所以可以采用镍板做双极板。

2) AFC 缺点

电解质为碱性,易与 $CO_2$ 生成 $K_2CO_3$、$Na_2CO_3$ 沉淀,严重影响电池性能,所以必须除去 $CO_2$,这给在常规环境中的应用带来很大的困难。

### 6.2.4 磷酸燃料电池

1. 定义

磷酸燃料电池(phosphoric acid fuel cell,PAFC)是以浓磷酸为电解质的燃料电池,磷酸燃料电池的工作温度要比质子交换膜燃料电池和碱性燃料电池的工作温度略高,范围在 $150\sim200\ ℃$,但仍需电极上的白金催化剂来加速反应。其阳极和阴极上的反应与质子交换膜燃料电池相同,不过由于其工作温度较高,所以其阴极上的反应速度要比质子交换膜燃料电池阴极的速度快。并且 PAFC 具有电解质稳定、磷酸可浓缩、水蒸气压低和阳极催化剂不易被 CO 毒化等优点,是一种接近商品化的民用燃料电池。

2. 工作原理

磷酸燃料电池中采用的是 100% 磷酸电解质,其常温下是固体,相变温度是 $42\ ℃$。氢气燃料被加到阳极,在催化剂作用下被氧化成为质子,同时释放出两个自由电子。氢质子和磷酸结合成磷酸合质子,向阴极移动。电子从外电路向正极(也就是内电路的阴极)运动,而水合质子通过磷酸电解质向阴极移动。因此,在正极上,电子、水合质子和氧气在催化剂的作用下生成水分子,反应原理如图 6-9 所示。具体的电极反应表达如下:

阳极反应:$H_2 \longrightarrow 2H^+ + 2e^-$

阴极反应:$\dfrac{1}{2}O_2 + 2H^+ + 2e^- \longrightarrow H_2O$

总反应:$\dfrac{1}{2}O_2 + H_2 \longrightarrow H_2O$

磷酸燃料电池一般工作在 $200\ ℃$ 左右,采用铂作为催化剂,效率达到 40% 以上。由于不受 $CO_2$ 限制,磷酸燃料电池可以使用空气作为阴极反应气体,也可以采用重整气作为燃料,这使得它非常适合用作固定电站。

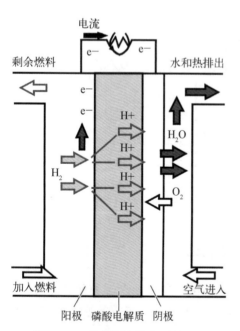

图 6-9 磷酸燃料电池工作原理

3. 磷酸燃料电池的优缺点

1）优点

与 MCFC、SOFC 等高温燃料电池相比，PAFC 系统工作温度适中，构成材料易选；启动时间短，稳定性良好，产生的热水可直接作为人们日常生活使用，余热利用效率高；与 AFC（燃料气中不允许含 $CO_2$ 和 CO）及 PEMFC（燃料气中不允许含 CO）等低温型燃料电池相比，具有耐燃料气及空气中的 $CO_2$ 能力，PAFC 更能适应各种工作环境。

2）缺点

与 PEMFC 一样，PAFC 须采用贵金属催化剂，易为燃料气中 CO 毒化，对燃料气的净化处理要求高；磷酸电解质具有一定腐蚀性。

## 📖 拓展阅读

燃料电池除了前面介绍的几种之外，还有熔融碳酸盐燃料电池，其在建立高效、环境友好的 $50\sim10\,000$ kW 的分散电站方面具有显著优势。

1. 熔融碳酸盐燃料电池的定义

熔融碳酸盐燃料电池（molten carbonate fuel cell，MCFC）是由多孔陶瓷阴极、多孔陶瓷电解质隔膜、多孔金属阳极、金属极板构成的燃料电池，其电解质是熔融态碳酸盐。以天然气、煤气和各种碳氢化合物为燃料，可以实现减少 $40\%$ 以上的 $CO_2$ 排放，也可以实现热电联供或联合循环发电，将燃料的有效利用率提高到 $70\%\sim80\%$。MCFC 的优点在于工作温度较高，反应速度加快；对燃料的纯度要求相对较低，可以对燃料进行电池内重整；不需贵金属催化剂，成本较低；采用液体电解质，较易操作。不足之处在于，高温条件下液体电解质的管理较困难；在长期操作过程中，腐蚀和渗漏现象严重，降低了电池的寿命。

2. 熔融碳酸盐燃料电池的工作原理

MCFC 的电解质为熔融碳酸盐，一般为碱金属 Li、K、Na、Cs 的碳酸盐混合物，隔膜材料是 $LiAlO_2$，正极和负极分别为添加锂的氧化镍和多孔镍。MCFC 的工作原理如图 6-10 所示。

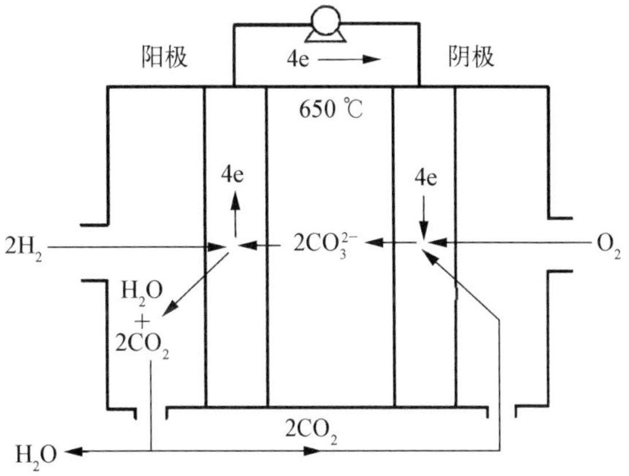

图 6-10　MCFC 的工作原理

MCFC 的电池反应如下：

阳极反应：$H_2 + CO_3^{2-} \longrightarrow CO_2 + H_2O + 2e^-$

阴极反应：$\dfrac{1}{2}O_2 + CO_2 + 2e^- \longrightarrow CO_3^{2-}$

总反应：$H_2 + \dfrac{1}{2}O_2 \longrightarrow H_2O$

由上述反应可知，MCFC 的导电离子为 $CO_3^{2-}$，$CO_2$ 在阴极为反应物，而在阳极为产物。实际上电池工作过程中 $CO_2$ 在循环，即阳极产生的 $CO_2$ 返回到阴极，以确保电池连续地工作。通常采用的方法是将阳极室排出来的尾气经燃烧消除其中的 $H_2$ 和 CO，再分离除水，然后将 $CO_2$ 返回到阴极循环使用。

3. 熔融碳酸盐燃料电池的优缺点

1) 优点

熔融碳酸盐燃料电池可以采用非贵重金属作为催化剂，降低了使用成本。能够耐受 CO 和 $CO_2$ 的作用，可采用富氢燃料。用镍（Ni）或不锈钢作为电池的结构材料，材料容易获得且价格便宜。熔融碳酸盐燃料电池为高温型燃料电池，余热温度高，余热可以充分利用。

2) 缺点

以 $Li_2CO_3$ 及 $K_2CO_3$ 混合物做成电解质，在使用过程中会烧损和脆裂，降低了熔融碳酸盐燃料电池的使用寿命，其强度与寿命还有待提高。在整个化学反应过程中，$CO_2$ 要循环使用，从燃料电极排出的 $CO_2$ 要用经过催化除 $H_2$ 的处理后，再按一定的比例与空气混合送入氧电极，$CO_2$ 的循环系统增加了熔融碳酸盐燃料电池的结构和控制的复杂性。

## 本章习题

### 一、填空题

1. 燃料电池电动汽车是利用（　　　）等燃料和空气中的（　　　）在（　　　）的作用下，在燃料电池中经电化学反应产生（　　　），并作为主要动力源驱动的汽车。

2. 燃料电池可以使用多种燃料，包括（　　　）（　　　）以及比较轻的（　　　），氧化剂通常使用（　　　）或（　　　）。

3. 按照工作温度分类，燃料电池可分为（　　　）（　　　）和（　　　）3 种。

4. 质子交换膜燃料电池所产生的电能为（　　　），其输出电压受内阻的影响还随（　　　）的变化而改变。

### 二、判断题

1. AFC 是高温型燃料电池。　　　　　　　　　　　　　　　　　　　　（　　）

2. PAFC 的电解液是 $Na_2CO_3$。　　　　　　　　　　　　　　　　　　（　　）

3. PEMFC 对 CO 敏感。　　　　　　　　　　　　　　　　　　　　　（　　）

4. AFC 的转换效率最低。　　　　　　　　　　　　　　　　　　　　（　　）

### 三、简答题

1. 各种燃料电池有哪些优缺点？

2. 燃料电池电动汽车的工作原理是什么？

# 第 *7* 章

# 电动汽车辅助系统

## 学习目标

(1) 了解制动能量回收系统的结构和线控制动系统的含义。

(2) 掌握电动助力转向系统的结构。

(3) 掌握电动助力转向系统的工作原理。

(4) 了解电动汽车空调系统的制冷方式。

## 问题导入

汽车正朝着电动化、智能化的方向快速发展,由此对制动系统提出了更高的要求。线控制动系统成为目前的主流方案,国际巨头也纷纷在线控制动系统方面发力。大陆集团推出了集成式线控制动系统 MK C2 技术,它是未来制动系统和运动控制解决方案的推动者,让汽车行业从传统制动系统向真正的线控制动系统过渡迈出了第一步。线控制动系统又是一种什么样的技术呢?

## 7.1 制动系统

### 7.1.1 制动能量回收系统

制动能量回收又称回馈制动或再生制动(regenerative braking,RB),它是一种应用在电动车辆上回收制动能量的制动技术。当汽车需要进行减速制动时,摩擦消耗的动能,通过发电机等方式转化成电能或其他能量并储存起来再使用,而不是直接浪费,变成无用的热。再生制动是相对机械制动而言的,是指将汽车制动时以电能、机械能等形式,将本会直接以热能的方式耗散在空气中的能量重新回收到电池等储能设备中进行回收利用。再生制动在电动汽车的能量回收中占有极其突出的地位,在电动汽车的能量管理系统中,要求能尽可能多的利用再生制动回收能量。

1. 制动能量回收系统工作原理

再生制动并不能将制动时的全部动能转换成其他能量储存起来。但是由于城市车辆制动时消耗的能量所占比例巨大,因而最终回收的能量非常可观。除了消耗在道路负载、机械电子系统上的能量外,制动时的15%～50%的能量能被真正地储存起来。有关研究表明,在较频繁的制动与启动的城市工况运行条件下,有效地回收制动能量,电动汽车大约可降低15%的能量消耗,这可使电动汽车的续航里程延长10%～30%。回收能量的方式一般有蓄电池储能、超级电容储能、飞轮储能等。蓄电池的优点是储能方便,释放能量也简单,但缺点是蓄电池难以在短时间内实现大功率的充电和放电,并且电池的循环次数有限,成本也比较高,这就会限制汽车的使用时间。图7-1为再生制动系统的结构。新能源汽车再生制动系统由带再生制动信息的组合仪表、带伺服传感器的制动踏板、电动伺服制动动能电路控制器和调节器组成。

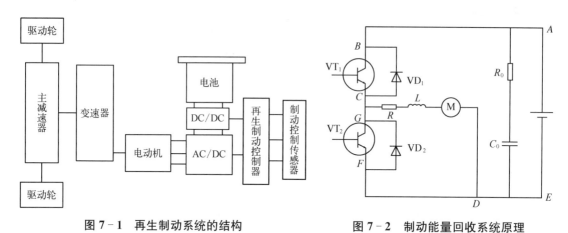

图7-1　再生制动系统的结构　　　　　图7-2　制动能量回收系统原理

电动汽车制动系统主要由两部分组成,即电机再生制动部分和传统液压摩擦部分。因此,电动汽车的制动系统是机电复合的制动系统。当驾驶员松开加速踏板时,整车控制器根据制动踏板的开度、车辆行驶状态信息,以及动力电池的状态信息,来判断某一时刻是否进行制动能量回收。当电动汽车减速时,车轮带动驱动电机转动,电机成为交流发电机而产生电流,通过电机控制器将交流电整流为直流电给动力电池组充电(制动再生能量)。

制动能量回收的原则是:能量回收制动不应该干预防抱死制动系统(ABS)的工作。当ABS进行制动力调节或ABS报警时,制动能量回收不应该工作。当电机驱动系统有故障时,制动能量回收系统也不工作。

制动能量回收系统(braking energy recovery system,BERS)工作原理如图7-2所示。图中的电路主要由绝缘栅双极型晶体管(insulated gate bipolar transistor,IGBT)器件$VT_1$、$VT_2$,电阻$R$,电动机M,电感$L$等组成。

根据电动汽车不同的行驶状态,制动能量回收系统的工作情况也不同。当车辆正常行驶时,如图7-2所示,图中的IGBT开关此时$VT_1$处于导通状态,$VT_2$断开,整个电路的工作回路为$ABCDEA$。而制动时,$VT_1$与$VT_2$都断开,电流在工作回路$CDFGC$中损耗掉,如图7-3所示。

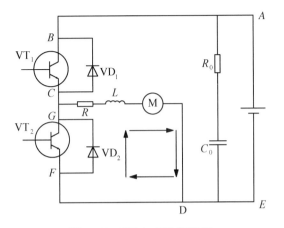

图 7 - 3 VT$_1$ 与 VT$_2$ 都断开

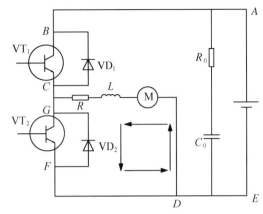

图 7 - 4 VT$_1$ 断开, VT$_2$ 导通

再生制动力参与制动时, 电机开始发电, 电流反向流动, 此时 VT$_1$ 处于断开的状态, VT$_2$ 处于导通的状态, 如图 7 - 4 所示。

经过一段特定的时间后, VT$_2$ 断开, 电能反向回充到蓄电池中, 如图 7 - 5 所示。

**2. 制动能量回收系统的分类**

1) 按回馈制动力与摩擦制动力耦合关系划分

按回馈制动力与摩擦制动力的耦合关系来分, 制动能量回收系统可以分为两种: 叠加式(也称作并联式)和协调式(也称作串联式), 如图 7 - 6 所示。

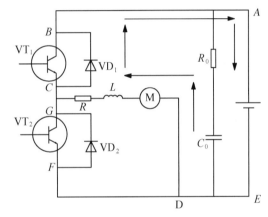

图 7 - 5 VT$_1$ 导通, VT$_2$ 断开

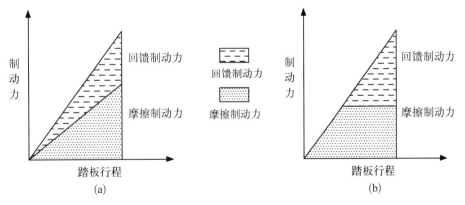

图 7 - 6 叠加式与协调式制动能量回收系统

(a) 叠加式; (b) 协调式

叠加式制动能量回收系统将电动机回馈制动力直接叠加在原有摩擦制动力之上,不用调节原有摩擦制动力,实施方便,但回馈效率低,制动感觉差。

协调式制动能量回收系统优先使用回馈制动力,对摩擦制动力进行相应调节,使两种制动力之和与总制动需求协调一致,回馈效率较高,制动效果感觉良好,但系统实施较为复杂。

2) 按摩擦制动调节机构所依托的技术平台划分

对于叠加式回馈制动,摩擦制动力无须调节,基于传统摩擦制动系统即可实现。对于协调式回馈制动,则需要对摩擦制动系统进行重新设计或改造。

(1) 基于 ESP/ESC 技术的制动能量回收系统。此类方案基于 ESP/ESC 技术平台,利用标准化零部件,对制动管路布置进行相应改造。

(2) 基于 EHB 技术的制动能量回收系统。此类方案采用传统车辆 EHB 电控液压制动系统作为协调式回馈制动的执行机构。

(3) 基于新型主缸/助力技术的制动能量回收系统。此类方案根据协调式回馈制动的技术要求对制动主缸、助力系统进行重新设计与开发。

(4) 基于 EMB/EWB 技术的制动能量回收系统。此类方案基于电子机械制动 EMB、电子楔式制动 EWB 的技术平台,根据协调式回馈制动的技术要求对耦合制动系统进行设计与开发。

3) 按摩擦制动调节机构在制动系统中的布置方式分类

(1) 与主缸集成的方案。在该方案中,用于回馈控制的电磁阀组等执行机构集成在制动主缸中。

(2) 与液压单元集成的方案。该方案将液压调节机构与传统车辆用于稳定性控制的液压单元进行了集成化的设计。

(3) 分散式布置的方案。在该方案中,压力调节机构未进行一体化的设计,而是分散地布置在了制动系统中。

### 7.1.2　线控制动系统

线控制动系统采用电信号取代部分或全部液压(或气压)制动管路,通过控制器操纵电控元件来实现制动力调节。按照实现方式的不同,线控制动系统分为电子机械制动系统(electrical mechanical brake,EMB)及电子液压制动系统(electrical hydraulic brake,EHB)。两者的区别如图 7-7 所示。

1. EMB 制动系统

EMB 由独立电动机来控制四轮制动力,代替传统制动系统中的液压(或气压)系统。EMB 以电能为能量来源,通过电机驱动制动垫块,由电线传递能量,数据线传递信号,EMB是线制动系统的一种。整个系统中没有连接制动管路,结构简单,体积小,信号通过电传播,反应灵敏,减小制动距离,工作稳定,维护简单。没有液压油管路,不存在液压油泄漏问题,通过电子控制单元(ECU)直接控制,易于实现 ABS、TCS、ESP、ACC 等功能。

2. EHB 制动系统

EHB 将原有的部分制动液压管路保留,用电机取代传统的真空助力器,保证了制动系

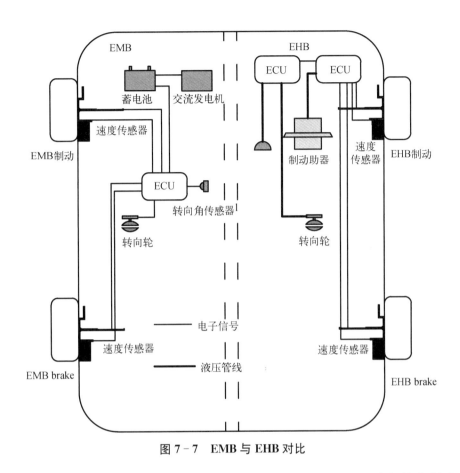

**图 7 - 7　EMB 与 EHB 对比**

统的可靠性。EHB 主要由电子踏板、ECU、液压执行机构组成。电子踏板是由制动踏板和踏板传感器(踏板位移传感器)组成。踏板传感器用于检测踏板行程,然后将位移信号转化成电信号传给 ECU 电控单元,实现踏板行程和制动力按比例进行调控。

　　按制动踏板力输入和制动回路压力输出是否直接相关,EHB 被分为解耦式和非解耦式两类。按照是否集成 ESC(电子稳定控制系统)或 ABS,将电子液压制动系统分为 One Box 和 Two Box 形式。按照动力源的不同,将电子液压制动系统分为泵式电子液压制动系统(P‐EHB)和集成式电子液压制动系统(I‐EHB)。P‐EHB 以电机带动液压泵将制动液存储于高压蓄能器,通过控制高压蓄能器出口处的阀来调节制动回路压力,实现制动功能。I‐EHB 以电机输出的力矩作为直接动力来源,通过传动机构将回转运动转换为直线运动,推动制动主缸调节制动回路压力,实现制动功能。

　　3. 线控制动系统的国外研究现状

　　现阶段国外对线控制动系统的研究已经主要集中于产品开发。德国博世公司开发出来的电子感应制动系统(SBC)是首款被量产的线控制动产品,已经被应用在奔驰 SL500 和 SL350 车型上;博世公司于 2013 年又开发出 iBooster 产品(见图 7 - 8),目前已升级到第二代,荣威、蔚来、特斯拉等都在使用;博世公司的最新产品为 IPB,此款产品将 iBooster 和 ESP 合二为一,已被应用在凯迪拉克 XT4 车型上;德国大陆汽车 Continental 的 MK C1 产品(见图 7 - 9),被应用在阿尔法罗密欧上,美国 ZF - TRW(采埃孚天合)汽车集团也拥有集成化制动控制(IBC)产品(见图 7 - 10),其核心是一个由无刷电机驱动的执行器,已被应用在凯迪拉克 CT6 车型上。日本的日立(Hitachi)和本田(Honda)及韩国万都(Mando)等均推出了自主研发的电子液压制动系统硬件方案及其液压力控制方法,并经历了仿真研究和实车验证。

图 7 - 8  iBooster 产品         图 7 - 9  MK C1 产品

**4. 线控制动系统的国内研究现状**

国内 EHB 技术研究较国外起步较晚,目前我国的产品技术水平和国外相比还有一定差距,但是国内线控制动技术也展现出欣欣向荣的态势。浙江亚太机电股份有限公司研发了一款 IEHB 产品,该系统采用高压蓄能器为油源,通过控制不同阀的开闭实现轮缸压力调节;还开发出一款 ebooster 产品,以电机带动滚珠丝杠机构运动来驱动制动主缸。上海同驭汽车自主设计的 EHB 产品(见图 7 - 11),由内置踏板行程位移传感器、踏板感觉模拟器、电机及其减速传动机构、制动主缸和控制器等组成。它能够集成 AEB、陡坡缓降以及制动防俯仰等功能。芜湖伯特利公司的 WCBS 系统,集成了 ABS、ESC 同时兼具能量回收功能,也能够与 AEB、ACC 等功能交互。上海拿森的 NBooster(见图 7 - 12)已经搭载了百度小巴并与北汽新能源完成相关车型搭载协议。北京英创汇智科技有限公司也有自己的 TBS(见图 7 - 13)产品。

图 7 - 10  IBC 产品         图 7 - 11  同驭 EHB

图 7 - 12　拿森的 NBooster

图 7 - 13　英创汇智 TBS

## 7.2　电动助力转向系统

转向系统是指由汽车用户操纵,能实现转向轮偏转和回位的一套机构,能按照用户的意图改变汽车的行驶方向和保持汽车稳定的直线行驶。

### 7.2.1　电动转向系统的类型

在汽车的发展历程中,转向系统经历了五个发展阶段,包括机械式转向系统(manual steering, MS)、液压助力转向系统(hydraulic power steering, HPS)、电控液压助力转向系统(electro hydraulic power steering, EHPS)、电动助力转向系统(electric power steering, EPS)。随着电控技术的不断发展,近些年出现了线控主动转向系统(direct adaptive steering, DAS),也称作线控转向系统(steering-by-wire system, SBW)。

(1) 转向系统按有无助力可分为机械转向系统和助力(动力)转向系统两大类。

(2) 助力转向系统按传力介质的不同,可分为液压助力转向、气压助力转向和电动转向三大类。

(3) 图 7 - 14 为电动转向系统的类型,电动转向系统根据助力电机的安装位置不同,又

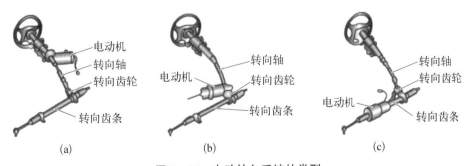

图 7 - 14　电动转向系统的类型

(a) 转向轴助力式;(b) 齿轮助力式;(c) 齿条助力式

可以分为转向轴助力式、齿轮助力式、齿条助力式三种。转向轴助力式 EPS 的电动机固定在转向轴一侧,通过减速机构与转向轴相连,直接驱动转向轴助力转向。齿轮助力式 EPS 的电动机和减速机构与小齿轮相连,直接驱动齿轮助力转向。齿条助力式 EPS 的电动机和减速机构则直接驱动齿条提供助力。

### 7.2.2　电动转向系统的结构与工作原理

#### 1. 电动转向系统的结构

电动转向系统由转向机(含转向轴柱和减速机构等)、电动机、转矩传感器、EPS 控制器等部件组成,图 7-15 为电动转向系统的结构。

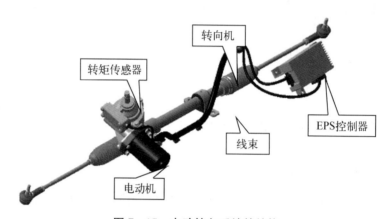

图 7-15　电动转向系统的结构

转矩传感器的作用是检测扭力杠杆的扭曲程度,转换为电信号来计算扭力杆上的转矩,并将信号传输给 EPS 控制器。

EPS 控制器根据各传感器(包括车速传感器)发出的信号,启动转向柱上的电动机来提供转向助力,图 7-16 为 EPS 控制器的输入输出信号流。

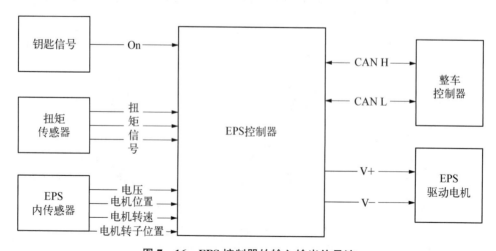

图 7-16　EPS 控制器的输入输出信号流

当整车处于停车下电状态,EPS不工作(EPS不进行自检、不与整车控制器VCU通信、EPS驱动电机不工作);当钥匙开关处于On挡,On挡继电器吸合后EPS开始工作。EPS正常工作时,EPS根据接收来自VCU的车速信号、唤醒信号及来自扭矩传感器的扭矩信号和EPS助力电机的位置、转速、转子位置、电流、电压信号等进行综合判断,以控制EPS助力电机的扭矩、转速和方向。

转向控制器在上电后与CAN线交互信息,完成自检,而后输出转向故障和转向状态信息。

当EPS检测到故障时,通过CAN总线向VCU发送故障信息,并采取相应的处理措施。

2. 电动助力转向系统的工作原理

当驾驶人操纵转向盘时,装在转向柱上的转矩传感器不断地测量转矩、转角信号,该信号与车速信号同时输入电控单元(ECU),经过ECU计算处理后控制电动机输出相应大小和方向的转矩,电动机的主力转矩通过减速器减速增距后加到转向系统中,以实现汽车助力转向,如图7-17所示。

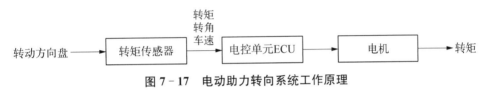

**图 7 - 17　电动助力转向系统工作原理**

管柱助力式EPS中将助力电动机安装在管柱上,通过减速增矩机构与转向轴相连,直接驱动转向轴助力转向。这样的系统结构简单紧凑、易于安装,但由于助力电动机安装在驾驶舱内,受到空间布置和噪声的影响,电动机的体积较小,输出转矩不大,一般只用在小型及紧凑型的车辆上。

在小齿轮助力式EPS中,将助力电动机和减速增矩机构与小齿轮相连,直接驱动齿轮实现助力转向。由于助力电动机不是安装在驾驶舱内,因此可以使用较大的电动机以获得较高的助力转矩,而不必担心电动机因转动惯量太大进而产生的噪声。

双小齿轮助力式EPS由于增加了一对齿轮齿条而能提供比小齿轮助力式更大的助力,但是成本略高。

齿条助力式EPS中,由助力电动机和减速增矩机构直接驱动齿条提供助力,因此能提供更大的助力,但整套系统结构复杂,成本较高,所以适用于豪华汽车和商务汽车上。

电动助力转向保留了转向盘与转向机之间的机械联动机制。在组件故障或断电而导致未能提供助力的情况下,机械联动作为后备机制提供紧急转向功能。当EPS的助力机制失效时,驾驶人会遇到需要施加很大的力量来转向的情况。

### 7.2.3　线控转向系统的结构

汽车转向系统是决定汽车主动安全性的关键总成。传统汽车转向系统是机械系统,汽车的转向运动是由驾驶员操纵转向盘,通过转向器和一系列的杆件传递到转向车轮而实现的。汽车线控转向系统取消了转向盘与转向轮之间的机械连接,完全由电能实现转向,摆脱了传统转向系统的各种限制,不但可以自由设计汽车转向的力传递特性,而且可以设计汽车转向的角传递特性,给汽车转向特性的设计带来无限的空间,是汽车转向系统的重大革新。

汽车线控转向系统用传感器检测驾驶员的转向数据,然后通过数据总线将信号传递给车上的ECU,并从转向控制系统获得反馈命令;转向控制系统也从转向操纵机构获得驾驶员的转向指令,并从转向系统获得车轮情况,从而指挥整个转向系统的运动。转向系统控制车轮转到需要的角度,并将车轮的转角和转动转矩反馈到系统的其余部分,比如转向操纵机构,以使驾驶员获得路感,这种路感的大小可以根据不同的情况由转向控制系统控制。

线控转向系统(SBW)由转向盘总成、转向执行总成和主控制器(ECU)三个主要部分以及自动防故障系统、电源等辅助系统组成。

SBW系统取消了传统转向系统中转向盘与转向执行器间的转向中间轴,由SBW控制器和转向执行电机所取代,形成了上下两部分的模块化结构,通过SBW控制器实现模块间的信号传递,其基本结构如图7-18所示。

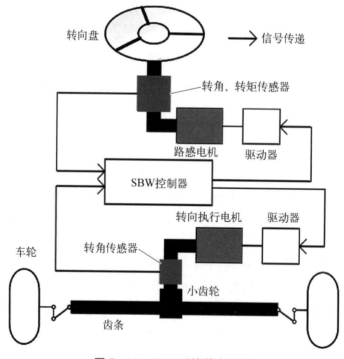

图7-18　SBW系统基本结构

SBW的主要功能包括路感反馈控制和转向执行的角度控制。转向盘总成根据转角转矩传感器测量的转向盘转角信号传递给SBW控制器;控制器根据车速、道路信息和转向盘实时状态产生相应的路感算法驱动路感电机,来协助驾驶员操控车辆;转向执行总成根据齿条位移传感器将换算得到的前轮转角反馈给 SBW 控制器,控制器根据当前驾驶员的转向意图得出相应的前轮转角控制量,完成前轮转角的角度伺服控制,实现准确的前轮跟踪控制功能。此外,SBW 控制器还可以根据当前车辆状态设计变传动比,降低驾驶员操纵难度;当车辆偏离了期望路径或者车辆处于非稳态工况时,通过驱动转向电机对前轮转角进行补偿、增加附加横摆力矩等效果,来改善车辆的操纵稳定性,保障车辆安全行驶。

### 7.2.4　线控转向系统的关键技术

**1. 传感器技术**

线控转向系统多个模块均需要安装传感器以检测驾驶员输入、系统状态。首先需要选择合适的传感器精度,保证车辆状态信息的准确度,并考虑传感器能否安装到 SBW 总成相应的位置上。其次,还需要设计合理有效的状态观测器和滤波算法,估算出车辆不可直接测量的状态参数,如质心侧偏角,消除轮胎干扰误差以改善车辆的操纵性能。

**2. 主动转向技术**

转向系统中存在"轻"与"灵"的矛盾:车辆低速时转向灵活,高速时操纵平稳。因此在线控转向系统中,通过在固定转向传动比的基础上系统叠加转向角的方式实现主动转向。当车辆处于非稳态工况时,通过计算横摆补偿力矩转化为附加前轮转角修正量以保证汽车稳定性。四轮主动转向的控制器算法更加复杂,计算和标定验证工作量巨大。

**3. 容错控制技术**

线控转向系统的电子元件如转向电机、传感器出现故障或者控制系统的环境发生改变时,车辆转向系统失效,丧失安全性。因此,为满足功能安全性要求,线控转向系统需要从硬件和软件上冗余设计,提高可靠性,保证车辆在任何工况下均不失去转向能力。

**4. 路感模拟技术**

路感是路面对车辆的激励,对驾驶员操控车辆、判断车辆状态具有重要作用。因此,路感模拟技术的研究重点是利用车辆能够测量的状态参数信息,灵活设计出满足具有不同偏好的驾驶员的路感力矩,并能够在车辆运动过程中,过滤掉不需要的信息。

**5. 变传动比技术**

传统汽车的响应随着车速和转向盘转角的变化而非线性变化,因此驾驶员必须对此做出补偿才能确保车辆按照自己的意图行驶,增加了驾驶难度。而 SBW 系统可以任意设定转向系统的传动比,通过变传动比保证车辆转向增益不变,可以显著降低驾驶员的操纵负担。

## 7.3　电动汽车空调系统

电动汽车的能量供给方式与传统燃油汽车有很大的不同。在传统汽车中,空调、动力转向、水泵、油泵以及风扇都通过传动带直接从发动机传动部件获取动力,且发动机一直处于运转过程中。但电动机没有怠速运转阶段,当电动汽车停车时,电动机处于静止状态,因此需要单独配备电机驱动压缩机。此外,由于电动汽车没有发动机的余热可以利用,或者不能完全利用发动机的余热,因此在冬季取暖时,须采用热泵型空调系统或辅助加热器等。

以下是新能源汽车暖风与空调系统和传统汽车的区别:

1) 空调压缩机驱动方式不同

新能源汽车空调制冷系统的制冷原理与传统汽车相同,区别的是压缩机驱动方式发生了变化。新能源汽车空调压缩机采用电驱动的方式,而传统汽车绝大多数采用发动机传动带(皮带)驱动。

2) 暖风实现形式不同

新能源汽车在暖风实现的形式上,通常是利用电加热的方式来产生暖风。电加热的方式有两种:一种是通过加热冷却液,再经过循环为暖风水箱提供热量;另一种是直接加热经过蒸发箱的空气,实现暖风。

3) 送风系统略有区别

新能源汽车送风系统与传统汽车基本相似,空气通过蒸发器和热交换器形成冷风或暖风和风速,根据用户的需要输送到指定出风口。

### 7.3.1　制冷系统

目前电动汽车可采用的制冷方式有电动压缩机制冷、热电制冷、余热制冷等。

1. 电动压缩机制冷空调系统

电动压缩机制冷系统利用蓄电池组的直流电,经逆变器为空调压缩机驱动电动机供电,带动压缩机旋转,形成制冷循环,产生制冷效果。电动压缩机制冷空调系统相对于传统汽车,不同之处是在结构上,驱动压缩机的动力由发动机改变为电动机驱动。电动汽车空调的系统结构如图 7-19 所示。

电动汽车空调系统流程如图 7-20 所示。电动汽车空调系统和传统燃油汽车空调系统工作原理基本相同。主要区别在空调压缩机的驱动方式和暖风的来源。电动汽车使用目前普遍采用的电动压缩机制冷,高压电动空调压缩机由动力电池驱动。电动车暖风通常采用电加热方式。电加热方式也分为两种:一种是通过加热冷却液,再经过循环为暖水箱提供热量(目前为主流);另一种是直接加热经过蒸发箱的空气实现暖风。

全电动空调制冷系统由电动变频压缩机、冷凝器、储液干燥器、膨胀管、蒸发器及连接管路等组成,如图 7-21 所示。

2. 热电制冷空调系统

热电制冷器也称为珀耳帖制冷器,是一种以半导体材料为基础,可以用作小型热泵的电子元件。通过在热电制冷器的两端加载一个较低的直流电压,热量就会从元件的一端传到另一端。此时,制冷器一端的温度就会降低,而另一端的温度就会同时上升。

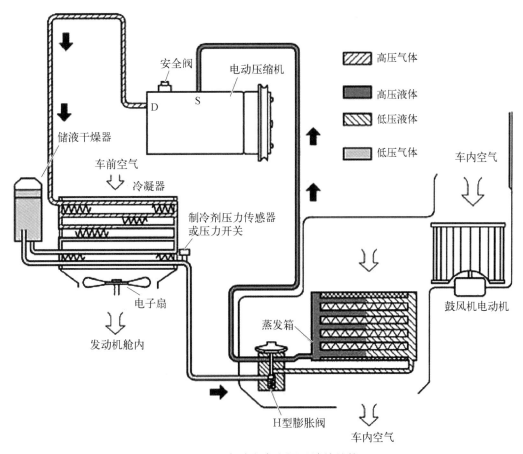

图 7-19　电动汽车空调系统的结构

太阳能辅助热电空调系统采用热电制冷系统进行降温,利用高效 PTC 加热元件进行采暖和对风窗玻璃进行除雾/霜。热电制冷空调系统有体积小、适于微型化的优点,比传统的机械压缩式制冷优越,但也存在着不足。如热电材料的优值系数较低,制冷性能不够理想,并且构成热电元件的主要成分为铋、碲,在汽车上的应用受到碲产量的制约。

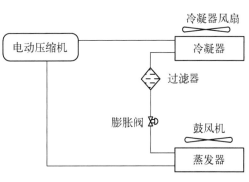

图 7-20　电动汽车空调系统流程图

3. 余热制冷空调系统

目前利用余热的空调制冷技术主要有氢化物制冷空调、固体吸附式制冷空调以及吸收式制冷空调,其工作原理、特点、系统组成不尽相同。余热制冷空调系统体积大、系统复杂,对燃料电池汽车整车以及电池管理系统要求较高,须定期除垢,并且其仅仅匹配在余热热源比较稳定的燃料电池电动汽车上才具有可行性,不具有解决电动汽车空调系统问题的通用性。

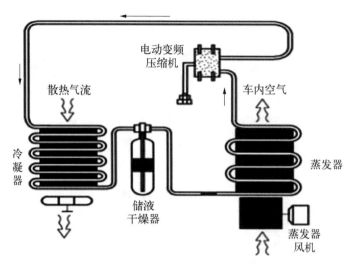

图 7 - 21　全电动汽车空调系统

### 7.3.2　暖风系统

燃油汽车空调系统的暖风热源主要由发动机冷却液提供,而纯电动汽车供热系统,由于缺少了发动机冷却液作为供热热源,所以使用电能作为能源。电动汽车的供热方式有多种技术方案,但许多供热方案并没有兼顾效率和可靠性。常见的供热方式如下:

(1)电加热供热。在车内总成风道中布置 PTC 加热器,通过使用车载电源向车内供热。目前,这种加热方式应用最为广泛,其特点是加热迅速、安全可靠,加热效率在 80％左右。

(2)热电半导体供热。利用半导体材料组成 P - N 结,通过两端施加直流电的流向不同,来进行制冷或者制热,目前多为试验研究阶段。其特点是体积小、可靠性好、效率高,但制造成本过高,其效率低于蒸汽压缩式制冷系统。

(3)小型燃油加热器供热。使用小型的燃油加热器,用燃油燃烧的热量向车内供热,目前用于混合动力电动汽车和大型客车。其特点是有独立的供热动力,不影响汽车运行,但使用燃油会对大气造成污染。

(4)热泵系统供热。以逆卡诺循环为原理的蒸汽压缩循环,目前处于开发研究阶段。其特点是热泵系统较为复杂,需重新设计空调系统,在过低车外环境温度下不能正常运行,但其效率明显高于其他供热方式。

### 7.3.3　电气控制系统

对于电动压缩机制冷空调系统,在纯电动汽车和燃料电池汽车上,电动压缩机的驱动方式有两种:一是压缩机直接由主驱动电动机通过传动带驱动,称为非独立式驱动;二是利用一个小功率电动机来驱动压缩机,直接从蓄电池组取电,可以同轴驱动,也可以由传动带驱动,称为独立式驱动。在混合动力平台车型上,还可以采用发动机和电动机混合驱动。

### 1. 非独立式全电动驱动方式

非独立式全电动驱动方式如图 7-22 所示,压缩机通过带轮由主驱动电动机带动,结构相对简单。此时压缩机可以选择传统机械压缩机,其排量以及功率的选择同机械式压缩机。压缩机运行工况通过电磁离合器的开闭来控制。另外,由于使用空调增加了电动机的热负荷,也增加了电动机散热系统的热负荷,必要时需要强化电动机的冷却能力。该方式下电动空调系统不能独立控制,并且对整车动力性影响较大,目前基本不采用该模式。

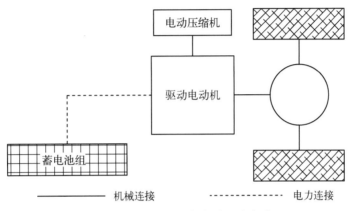

图 7-22　非独立式全电动驱动方式

### 2. 独立式全电动驱动方式

独立式全电动空调系统是目前电动汽车上的主流配置,其驱动方式如图 7-23 所示,由电动机直接带动空调压缩机制冷,使空调压缩机可以在设定理想的电动机恒定转速下运行,不受整车运行状况的影响。驱动方式一般采用同轴驱动方案,该方式结构紧凑,可以适应更多的汽车平台。当电动机驱动压缩机进行工作时,其能量传递路径为电源—控制器—电动机定子—电动机转子—涡旋动盘。

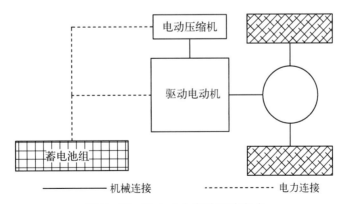

图 7-23　独立式全电动驱动方式

### 3. 混合驱动方式

对于混合动力车型,为保证车厢内的舒适性,在发动机模式、电动模式以及混合模式下均需要空调系统正常工作,可以选用全电动压缩机空调形式,也可以选用混合驱动压缩机空调形式。混合驱动方式如图 7 - 24 所示。

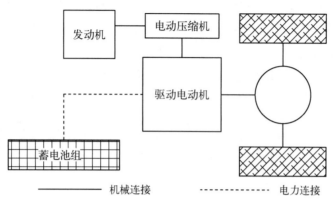

图 7 - 24    混合驱动方式

对于采用发动机与电动机混合驱动的压缩机,根据汽车行驶工况在发动机驱动模式和电动机驱动模式之间切换。在发动机模式下,压缩机由发动机通过传动带驱动。在发动机停止工作时,切换到电驱动模式,由电池组提供能量。混合驱动模式解决了发动机停止工作时空调压缩机无动力来源,以及电动空调系统能量转换损耗大影响电动机、电池使用寿命的问题,也避免了在怠速工况下燃油经济性和排放性不佳的状况,减少了油耗和对环境的压力。

表 7 - 1 总结了电动压缩机制冷空调系统三种不同的驱动方式在驱动能源、传动效率、安装布置、可靠性、压缩机结构、成本等对比项的表现。

表 7 - 1    电动压缩机三种不同的驱动方式对比

| 对 比 项 | 非独立式全电动驱动方式 | 独立式全电动驱动方式 | 混合驱动方式 |
| --- | --- | --- | --- |
| 驱动能源 | 电 | 电 | 电 |
| 传动效率 | 低 | 低 | 中等 |
| 安装布置 | 复杂 | 简单 | 简单 |
| 可靠性 | 中 | 高 | 高 |
| 压缩机结构 | 简单 | 中等 | 中等 |
| 成本 | 中等 | 中等 | 高 |

📖 拓展阅读

汽车制动系统的发展历程与转向系统类似,同样经历了从机械连接传动到液压/气压助力,再到电子化结构的过程,而目前融合电子控制的液压/气压制动已经有了很高的渗透率。线控制动技术在 2009 年成型后逐渐成熟,目前已经有国内外多家厂商有了线控制动产品方案,并向客户提供。

随着汽车智能化程度的不断提高,线控制动的渗透率也在不断提升。一般来说,汽车制动可以分为驻车制动(electronic parking brake, EPB)和行车制动,目前线控制动技术在驻车制动方面的渗透率已经比较高,根据华经产业研究院和高工智能汽车的统计数据,2021 年全球和中国 EPB 的渗透率分别为 65% 和 78%,而行车制动方面则还很低,2021 年大约只有 10% 左右。但在汽车电动化的智能化的大趋势下,制动系统线控化的意义逐渐凸显。

在 EPB 方面,中国整体市场规模超过 200 亿元,但因为渗透率已经处于较高水平,另外考虑 EPB 产品单价下降趋势,总体市场规模增速较低,后续主要的投资逻辑在于国产替代。2021 年国内企业中,伯特利市场占有率第一位,达到 8.3%,但与头部海外厂商相比差距仍然明显。后续我们认为凭借更低的成本和更高的响应速度,国内厂商有望进一步提升市场份额。

在线控行车制动方面,整体渗透率仍然很低,但近年来增速很快。根据佐思汽研数据,2019 年我国乘用车线控行车制动装配量 51 万套,2021 年增加至 174 万套,年复合增长率达到 85%,渗透率也从 2.6% 提升至 13.7%,而后续随着技术不断完善,在新能源汽车和高级别自动驾驶渗透率提升的情况下,线控制动也将继续渗透,在这个过程中,市场规模也将不断扩大,预计 2025 年将超过百亿。目前博世占据了线控制动系统绝大多数的市场份额,2020 年其线控制动产品市场份额超过 90%,国内厂商也已经有产品量产上市,后续有望伴随国内车企共同成长,进而提高自身市场占有率。

## 本章习题

### 一、填空题

1. 制动能量回收又称( ),它是一种应用在电动车辆上回收( )的制动技术。

2. 制动能量回收系统可以分为两种:( )和( )。

3. 电动转向系统根据助力电机的安装位置不同,又可以分为( )( )( )3 种。

4. SBW 系统由( )( )( )以及电源等辅助系统构成。

### 二、判断题

1. 电动汽车的空调系统压缩机驱动方式是发动机皮带驱动。 ( )

2. 线控转向系统的简称是 EPS。 ( )

3. 线控制动系统采用电信号取代部分或全部液压(或气压)制动管路,通过控制器操纵电控元件来实现制动力调节。 ( )

### 三、简答题

1. 简述制动能量回收系统的工作原理及特点。

2. 简述叠加式和协调式制动能量回收系统的异同。

3. 线控转向系统有哪些优点？

4. 电动压缩机的工作方式有哪些？

# 参 考 文 献

［1］ 朱任杰.机动车尾气对城市大气环境造成的影响与应对［J］.节能,2019,38（10）：131－132.

［2］ 中国汽车工程学会.节能与新能源汽车技术路线图 2.0［M/OL］.［2023－01－01］.https://www.doc88.com/p-75629262406980.html?r＝1.

［3］ 国务院办公厅.国务院办公厅关于印发新能源汽车产业发展规划（2021—2035 年）的通知［EB/OL］.（2020－11－02）［2023－01－01］.http://www.gov.cn/zhengce/content/2020-11/02/content_5556716.htm.

［4］ 百川.创新革命：新能源汽车发展史［J］.汽车工艺师,2021（9）：30－35.

［5］ 比亚迪股份有限公司.2017—2018 款比亚迪 e5 高压系统维修手册［M］.深圳：比亚迪股份有限公司,2018.

［6］ 金希计,吴荣辉.纯电动、混合动力汽车结构原理与检修［M］.北京：机械工业出版社,2022.

［7］ 何泽刚.纯电动汽车常见故障诊断与排除［M］.北京：机械工业出版社,2018.

［8］ 邹政耀,王若平.新能源汽车技术基础［M］.北京：清华大学出版社,2020.

［9］ 徐艳民.电动汽车动力电池及电源管理［M］.北京：机械工业出版社,2015.

［10］ 蒋鸣雷.新能源汽车动力电池结构与检修［M］.北京：机械工业出版社,2018.

［11］ 汤天浩,谢卫.电机与拖动基础［M］.北京：机械工业出版社,2017.

［12］ 龙志军,王远明.新能源汽车驱动电机技术［M］.北京：机械工业出版社,2023.

［13］ 李仕生,张科.新能源汽车驱动电机及控制系统检修［M］.北京：机械工业出版社,2022.

［14］ 李兆平,游志平,刘云飞.电动汽车动力电池及能量管理［M］.北京：电子科技大学出版社,2022.

［15］ 张珠让,贾小亮.新能源汽车充电系统原理与检修［M］.天津：天津科学技术出版社,2020.